성공적인 중국 비즈니스 협상을 위한 전략

중국 비즈니스 협상
A to Z

중국 비즈니스 협상 A to Z

초판 1쇄 발행 2022년 1월 14일

지은이 김종욱
펴낸이 장길수
펴낸곳 지식과감성#
출판등록 제2012-000081호

교정 김혜련
디자인 이건영
편집 이건영
검수 양수진, 이현
마케팅 고은빛, 정연우

주소 서울시 금천구 벚꽃로298 대륭포스트타워6차 1212호
전화 070-4651-3730~4
팩스 070-4325-7006
이메일 ksbookup@naver.com
홈페이지 www.knsbookup.com

ISBN 979-11-392-0276-2(13320)
값 15,000원

- 이 책의 판권은 지은이에게 있습니다.
- 이 책 내용의 전부 또는 일부를 재사용하려면 반드시 지은이의 서면 동의를 받아야 합니다.
- 잘못된 책은 구입하신 곳에서 바꾸어 드립니다.

지식과감성#
홈페이지 바로가기

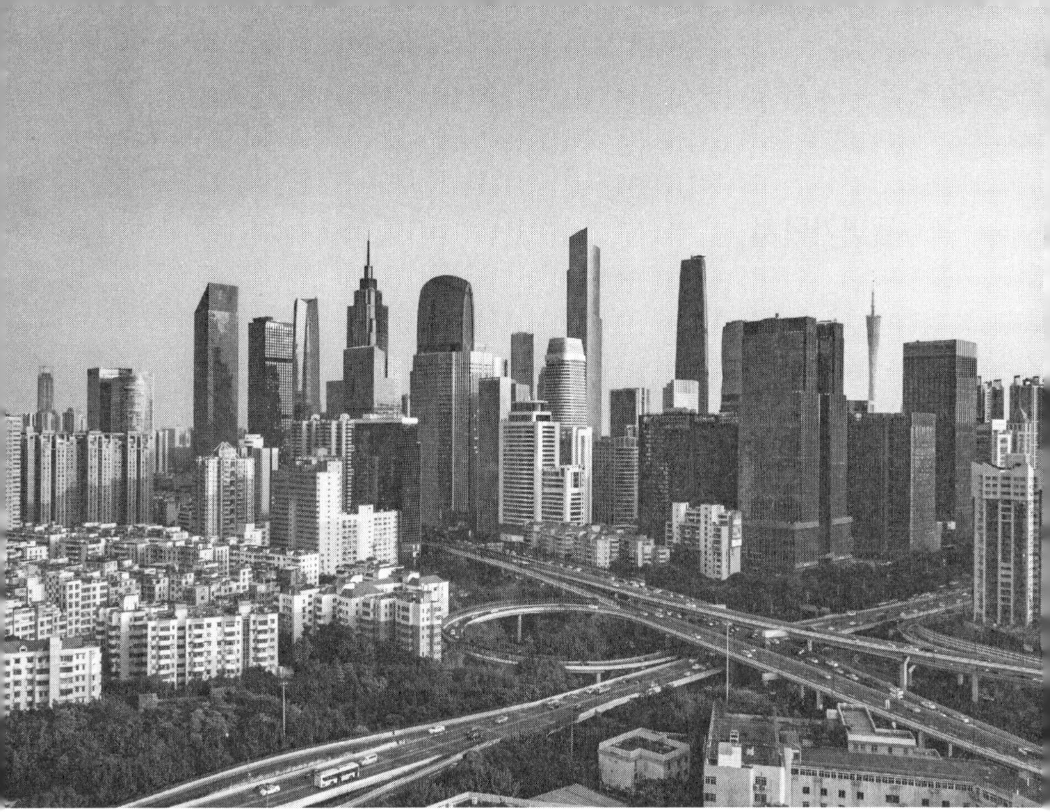

성공적인 중국 비즈니스 협상을 위한 전략

중국 비즈니스 협상 A to Z

김종욱 지음

지식과감성#

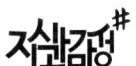

들어가면서

중국!

　어제 다르고 오늘 다르고, 저기 다르고 여기 다르고, 저 사람 다르고 이 사람 다르고, 알 것 같다가도 모르겠고, 쉽다가도 어렵고… 참 너무나 다양하고 변화무쌍한 중국!!!

　시간적, 공간적, 개인적으로 점점 더 중국을 이해하기가 어렵고, 변화 속도는 빨라져만 간다. 그리고 변화의 속도만큼이나 엄청난 다양성을 지닌 중국.

　성공적인 중국 비즈니스를 위해 중국의 변화 속도와 다양성을 잘 이해하고 접근할 필요가 있다.

　중국은 지리적, 역사적, 경제적으로 우리와 떼려야 뗄 수 없는 절대적인 관계에 놓여 있다. 최대의 경제 교역량, 최대의 인적 교류, 좋든 싫든 중국과의 관계는 필연적이다.

　중국과 비즈니스를 하려면 먼저 중국에 대한 편견을 깨뜨리고 중국의 모든 것을 잘 이해해야 한다.

　개인이나 단체는 물론 사회, 국가가 자기 이익을 추구하는 것은 동서고금을 막론하고 당연한 일이다. 그래서 이익 추구를 위한 중국과의 비즈니스 협상에서는 그 무엇보다도 상대방을 잘 이해하고 전략적으로 접근하려는 시도를 해야 한다.

특히 중국 비즈니스 협상에서 중국 사람들이 구사하는 비즈니스 협상 전략의 모든 것을 하나하나 파헤쳐 나가야 한다. 협상 상대자의 개인적 성향, 협상의 목적, 내용을 잘 파악하고 상황에 맞게 접근하는 게 가장 중요하다. '상황 판단을 잘해야 한다'고 하면 그냥 그것으로 끝나버린다. 따라서 '그럼 어떻게 상황을 판단해야 할까?'가 이 책의 기본적인 내용이다. 필연적으로 힘의 불균형이 존재하는 상황에서 대등하게 비즈니스 협상에 참여할 수 있는 책략을 제시해야 한다. 또한 갑과 을은 자기가 처한 상황에 맞게 비즈니스 협상 전략을 구사할 수 있어야 한다. 갑이 협상을 이루어 가는 방법과 을이 협상을 이루어 가는 방법은 다르기 때문이다.

중국과의 비즈니스 협상에서 꼭 명심해야 할 가장 중요한 몇 가지 원칙이 있다.

1 상황 판단

先说先死 不说也死 后说也死

먼저 말하는 사람이 먼저 죽는다.
말하지 않아도 죽는다.
나중에 말해도 역시 죽는다.

선문답 같은 열두 글자에 중국의 협상 전략이 다 포함되어 있다고 해도 과언이 아니다. 먼저 말하면 먼저 죽고, 말하지 않아도 죽고, 나중에 말해도 죽는다. 이러지도 저러지도… 그럼 어떻게 협상에 임해야 할까?

죽는 순위를 따지자면 먼저 말하는 사람이 먼저 죽는다. 따라서 입을 닫고 귀를 열어 놓아야 한다. 하지만 협상에서 아무 말도 하지 않는 것은 상상할 수가 없다. 나중에 말해도 죽는다. 모든 협상에는 우선순위가 있기 마련이다. 협상에 있어 가장 중요한 것은 바로 상황 판단이다. 상황에 따라 전략을 잘 구사해야 한다. 어떤 사안은 먼저 이야기를 해야 하고 어떤 사안은 분명히 나중에 이야기하는 게 낫다. 이것을 앵커링 효과(Anchoring Effect)[1]라고 한다.

2 Win-Win 전략

> 知彼知己百战不殆
>
> 상대를 알고 나를 알면 백 번 싸워도 위태롭지 않다.

우리가 흔히 알고 있는 '그를 알고 나를 알면 백 번 싸워도 백 번 이긴다'는 말은 사실 없는 말이다. 본말은 『손자병법』에 나오는 '知彼知己 百战不殆(지피지기 백전불태)'라는 말로 "상대방을 알고 나를 알면 백 번 싸워도 위태롭지 않다"라는 뜻이다. 즉 싸워서 이기는 전략이 아니라, 공

---

1) 앵커링 효과(Anchoring effect): 심리학자이자 행동경제학의 창시자인 대니얼 카너먼(Daniel Kahneman)과 심리학자 아모스 트버스키(Amos Tversky)가 실험을 통해 증명한 효과.

동의 이익 창출을 위해 노력하여야 한다는 것이다. 먼저 중국을 잘 이해하고 중국과의 비즈니스 협상에서 윈윈전략을 구사하여야 한다.

3 객관적 판단

君子和而不同 小子同而不和

군자는 조화롭지만 서로 다름을 인정하고
소인은 같은 것을 고집하고 조화롭지 못하다.

이는 협상에 있어서 상대방을 존중하고, 상대방의 입장에서 다시 한 번 생각할 수 있어야 원만한 협상과 타협을 이룰 수가 있음을 강조하는 전략이다.

4 이익 추구

自利无关善恶

자신의 이익을 추구하는 것은 선악과 무관하다.

제자백가 가운데 법가(法家)가 이르기를 "자신의 이익을 추구하는 것은 선악과 무관하다(自利无关善恶)"라고 했다. 이익 추구는 진실이고 당연한 일이며, 개인과 기업의 운명을 결정짓는 가장 중요한 요소이다. 따라서 비즈니스 협상의 기본 목적은 경제적 이익 창출임을 잊지 말아야 한다. 협상에 있어서 목표점이 무엇인지, 협상의 목적 달성을 위하여 여러 가지 책략을 구성하여야 한다.

5 삼대 원칙

中 信 和

중국 비즈니스 협상의 삼대 원칙

中: 지나치거나 모자라지 않게 중용의 도리(협상 준비, 태도, 말, 행동 등)
信: 상대방에게 신뢰를 주어야 하고, 자신 또한 상대방을 믿도록 노력하고, 마지막으로 자기 스스로를 믿어야 한다.
和: 모든 협상에는 근본적으로 갑과 을이 존재한다. 하지만 절대적으로 일방적일 수는 없고 일방적이어서도 안 된다. 갑과 을이 조화를 이루어야 한다.

필자는 2005년 중국에 들어와 현지 대학에서 강의와 교육 비즈니스를 하면서 깨달은 점을 공유하고 도움이 될 만한 정보를 제공하고자 한다.

첫째, 중국 현지에서 20년 가까이 현지인과 같이 호흡하면서 알게 된 중국인들의 삶 속에 녹아 있는 문화적 관습 및 습관들을 진솔하게 파헤쳐 성공적인 중국 비즈니스 협상에 도달할 수 있는 방법을 제시하고자 한다.

둘째, 매일 아침 출근길 시내버스를 타고 그들과 함께 부대끼며 그들과 마주하고, 점심시간 그들과 같이 딤섬집에서 같이 소담하고 중국 차를 마시고, 저녁에 그들과 같이 백주 한잔하면서 겪게 되는 여러 이야기들 일반 대중적 삶 속에서 경험을 통해 중국의 과거와 현재 그리고 미래를 예측하여 성공적인 중국 비즈니스 협상에 도달할 수 있는 방법을 제시하고자 한다.

셋째, 대기업보다는 중소기업자들의 생존을 위한 합리적 중국 진출 방법을 제시하고자 한다. 대기업의 경우 자본력, 정보력, 노동력, 기술력 등이 확보되어 있어 많은 자산을 가지고 중국 시장 진출이 가능하지만 중소기업의 경우 중국 시장 진출이 쉽지 않은 상황이다. 그 대안을 제시하고자 한다.

중국 대학에서 교수로 재직하면서, 그리고 중국에서 교육 비즈니스를 진행하면서, 개인으로서 수많은 기업과 단체와 비즈니스 협상을 하면서 느낀 점을 진솔하게 정리했다.

중국과의 비즈니스 협상에서 꼭 필요한 지식들, 중국이라는 국가의 이해, 중국의 정책 결정 구조, 중국의 지역 구조, 중국의 사회주의 경제, 중국의 사회문화 등에 대한 이해를 바탕으로 하여 중국인들이 배우는 비즈니스 협상론에 입각하여 성공적인 중국 비즈니스 협상을 위한 전략을 제시하고자 한다.

　인식을 바꾸고 나면, 다름을 알고 나면, 편견을 버리고 나면 이제 중국이 제대로 보이기 시작한다. 중국인들이 행하는 행동의 근원을 이해하면 더 확실한 중국 비즈니스 길이 열린다. 중국인의 입장에서 생각해 보면 더 확실한 중국 비즈니스의 문이 열린다!

　협상은 개인별, 성향별, 상황별, 지역별로 판이할 수 있다. 필자의 경험과 중국 및 한국의 각종 문헌을 통해 최대한 객관성을 잃지 않도록 최선을 다했으며 객관성 유지를 위해 현지 교수 및 변호사를 통해서 감수 과정을 거쳤다.

　중국어 인용은 중국 대륙에서 통용적으로 사용하는 간자체(简体)로 통일했다.

　이 지침서가 중국에서 비즈니스 협상을 하는 데 조금이라도 도움이 되었으면 한다.

성공적인 중국 비즈니스 협상을 위한 전략

중국
비즈니스 협상
A to Z

목차

들어가면서   4

Chapter 1. 중국 비즈니스 협상의 개념 및 요소

1-1. 비즈니스 협상의 정의 및 개념   18
1-2. 비즈니스 협상 성과에 영향을 끼치는 3대 요인   20
1-3. 비즈니스 협상의 3대 기본 요소   23

Chapter 2. 중국의 구조적 이해

2-1. 정치 구조   30
2-2. 정책 결정 메커니즘   34
2-3. 정책 결정 발전 과정   41
2-4. 국가 상징   45

Chapter 3. 중국의 사회주의 시장경제 이해

3-1. 중국의 사회주의 시장경제 이론의 이념적 기초   48
3-2. 중국 특색 사회주의 시장경제   50
3-3. 중국식 사회주의 발전 단계   54

Chapter 4. 중국의 지역 구분 및 경제 이해

4-1. 행정 구역에 따른 지역 구분   62
4-2. 지리적 위치에 따른 지역 구분   66
4-3. 도시 등급에 따른 지역 구분   67
4-4. 경제 발전 정책에 따른 지역 구분   73

Chapter 5. 중국 비즈니스 협상을 위한 문화 코드 이해

5-1. 꽌시 문화	88
5-2. 해음 문화	93
5-3. 미엔쯔 문화	97
5-4. 홍색 문화	101
5-5. 구오차오 문화	103
5-6. 지역별 문화	104
5-7. 연령별 문화	110
5-8. 만만디 문화	116
5-9. 전통사상 문화	118
5-10. 꺼림 문화	121
5-11. 개인주의 문화	126

Chapter 6. 중국인들의 비즈니스 협상론

6-1. 중국 교재에 나타난 중국 비즈니스 협상의 개념	131
6-2. 중국인들이 배우는 비즈니스 협상 절차의 3대 프로세스	133
6-3. 중국인들이 정의한 비즈니스 협상 팔자진언	135
6-4. 중국인들이 준비하는 비즈니스 협상	138
6-5. 중국인들이 구사하는 비즈니스 협상 책략	141
6-6. 중국인들이 사용하는 6가지 비즈니스 협상 기교	144
6-7. 중국인들이 선택하는 협상 환경	148
6-8. 중국인들이 활용하는 36계 비즈니스 협상 전략	150

Chapter 7. 중국 비즈니스 협상 실무 전략

7-1. 비즈니스 협상 준비 단계(1단계)   169
7-2. 비즈니스 협상 진행 단계(2단계)   182
7-3. 비즈니스 협상 마무리 단계(3단계)   186
7-4. 비즈니스 협상 실무 10대 전략   187

Chapter 8. 성공적인 중국 비즈니스 협상을 위한 조언

8-1. 중국 비즈니스 협상 시 유의사항   196
8-2. 중국 비즈니스 협상 시 필요조건   204
8-3. 중국인의 비즈니스 협상 시 특징   211

나가면서   213
참고 문헌   216

성공적인 중국 비즈니스 협상을 위한 전략

중국
비즈니스 협상
A to Z

Chapter 1.

중국 비즈니스 협상의 개념 및 요소

1-1. 비즈니스 협상의 정의 및 개념
1-2. 비즈니스 협상 성과에 영향을 끼치는 3대 요인
1-3. 비즈니스 협상의 3대 기본 요소

1-1 비즈니스 협상의 정의 및 개념

협상의 개념은 여러 학자마다 조금씩 이견이 있지만 대체로 '상호 이해관계가 걸려 있는 협상 당사자들이 상호 간 만족할 만한 결과를 찾아가는 일련의 과정'이라고 할 수 있다.

비즈니스 협상에는 협상의 주체인 갑과 을이 존재하고 협상 객체인 재화와 용역이 있는 거래 관계이다. 주체인 갑과 을이 재화(현물, M&A 등)와 용역, 즉 서비스(금융, 교육, 물류, M&A, 위탁 경영 등) 수단을 가지고 상호 경제적 이익의 목적을 찾아가는 무대이자 과정이다.

또한 협상의 기본 개념 시스템에서 '거래'를 다루는 수단으로서, 거래를 성사시키기 위해 발생하는 상호 간의 갈등, 이해관계, 이익 등을 서로 조정하여 만족할 합의점에 도달하는 과정으로 경제적 이익이 담보되어 있다.

정부 기관이나 단체의 경우는 가치 창출 역시 협상의 목표가 될 수 있겠지만 비즈니스 협상의 목적은 경제적 이익 창출이 그 근본적, 궁극적 목표이다. 상호 경제적 이익이 수반되는 거래의 수단이기 때문에 상호 간에 공정 타당하고 합리적이어야 한다.

요약하면, 협상과 비즈니스 협상은 모두 둘 이상의 당사자가 있어야 하고 일정한 상황 및 조건하에서 상호 간에 특정한 목적 달성을 위하여 그들의 이해관계를 조정해 나가는 과정이라고 할 수 있다. 하지만 비즈니스 협상의 가장 큰 특징은 경제적 이익이 반드시 담보되어야 한다는 점이다.

1-2 비즈니스 협상 성과에 영향을 끼치는 3대 요인

중국과의 비즈니스 협상에서 중요한 것은 서로 차이를 인정하고 그 차이를 극복하려고 노력하는 것이다. 우리의 관점에서 상대방을 보지 말고 상대방의 관점에서 나와 다름을 인식하고 협상에 임해야 한다.

중국인의 비즈니스 협상 전략은 역사적, 사회적, 문화적 환경 등의 영향으로 한마디로 정의할 수 없는 여러 가지 요소들이 복합적으로 혼재하는 독특한 협상술로 이어져 오고 있다. 전통적 문화, 가치, 규범, 철학 등의 기반 위에 중국식 사회주의 이념과 법률적, 제도적 요소들이 많은 영향을 미치고 있으며 시장주의에 입각한 협상 전략 등을 보이고 있다.

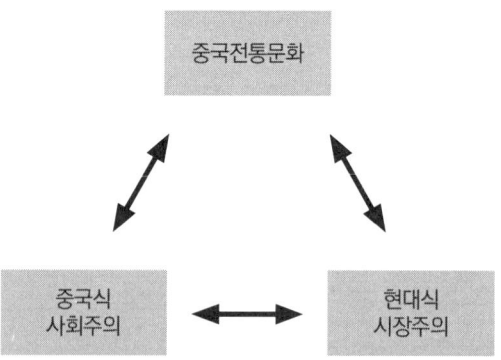

[중국 비즈니스 협상 성과에 영향을 끼치는 3대 요인]

1-2-1. 전통문화에 바탕을 둔 가치, 규범, 철학적 요인

유교와 도교 사상은 중국 문화를 대표하는 전통적인 주류 사상으로 현재까지 중국인들의 일상생활에 많은 영향을 끼치고 있다. 중국 비즈니스 협상과 관련된 특징적인 요소로, 개인과 개인 간의 상호관계에서 이루어지는 인간관계인 '꽌시'는 아주 중요하다. '접대와 선물' 같은 형식적인 방법을 통한 꽌시 형성뿐만 아니라 상대방의 체면과 자존심을 배려하는 체면 중시의 문화 및 예절과 도덕이 강조되고 있다.

꽌시는 전통문화적 요소이긴 하지만 한 시대에 머문 것이 아니라 사회주의 경제체제에서 그 필요성이 점점 커졌고, 시장경제체제를 받아들이면서 더욱 공고히 되어 갔다고 볼 수 있다. 인간관계는 신뢰가 그 바탕이기 때문에 중국 비즈니스 협상에서는 거의 진리로 통한다고 볼 수 있다.

1-2-2. 중국식 사회주의에 근거한 법률적, 제도적, 규범적 요인

중국은 경제적으로는 시장경제를 표방하고 있지만 정치적으로 사회주의 계획경제를 실행하고 있다. 자본 집약적, 기술 집약적 투자에 대해서는 상당히 관용적이지만 환경문제, 교육문제 등 민감한 부분에 대해서는 그 규제가 심하고 절차가 까다롭다. 정치적 결정에 의해 협상의 맥락이 바뀌는 경우가 많고 사회주의의 특성상 법률적, 제도적, 규범적 제약이 많다.

중국 비즈니스 협상 시 법률적, 제도적, 규범적으로 문제가 없는지 특히 주의하여 살펴보아야 한다.

1-2-3. 현대식 시장주의에 입각한
　　　　 개인 및 단체의 이익 창출 요인

　중국은 정치적으로 중국 특색의 사회주의라는 계획경제 시스템을 가지고 있지만 덩샤오핑 이후 시장경제 정책을 받아들이면서 경제에 많은 변화를 가져오게 되었다. 부동산 등에서 개인의 소유가 이루어지고 생산 수단을 국가가 아닌 개인이 소유하게 되면서 황금 만능주의가 자리 잡게 된다.

　'만만디(慢慢地)'가 이제는 개인의 이익 창출을 위한 '빨리빨리'의 '콰이디얼(快点儿)'이 되었고, 중국의 전통적 가치관인 도덕과 예절이 경시되고 사회조직의 집단주의가 경시되는 경향이 많이 나타나고 있다. 이익 추구를 부도덕한 행위로 간주하던 전통적 유교 가치와 달리 서구식 자본주의의 영향으로 비즈니스 협상에서도 많은 변화를 가져오고 있다.

　중국인과의 비즈니스 협상이 특히 어려운 이유는 한 가지에 국한되는 것이 아니라 위의 세 가지 요소가 복합적으로 공존하기 때문이다. 세 가지 상황이 동시에 작동되는 이해관계 메커니즘을 잘 이해하고 판단해야 한다.

1-3 비즈니스 협상의 3대 기본 요소

협상 성과에 영향을 끼치는 요인에 관해서는 수많은 학자들이 연구 논문을 발표했고, 세계의 유수 대학, 하버드 MBA, … 등 많은 대학에서 협상 성과에 영향을 끼치는 요인에 관해 이야기하고 있다. 각기 다른 시각에서 연구를 진행하고 있으며 연구 결과도 다양하다.

협상 상황에는 협상 목표, 협상력, 협상 전략, 협상자의 자질, 커뮤니케이션 능력, 협상 경험, 협상 환경, 신뢰도, 상호 협상자의 관계, 힘(Power), 정보(Information), 시간(Time) 등 여러 가지 요소들이 상호 공존한다.

비즈니스 협상에서는 어느 특정된 요소 하나가 영향을 끼치는 것이 아니라 상황에 따라 여러 가지 종합적 요소들이 복합적으로 존재한다고 볼 수 있다. 상황에 따라 영향을 미치는 요소에 관해서는 학자마다 그 견해가 다르며, 실제로 협상 상황에서도 여러 가지 요소들이 존재한다.

중국 비즈니스 협상에 영향을 끼치는 요소는 큰 틀에서 힘, 정보, 시간으로 다시 정리할 수 있다.

1-3-1. 힘(Power): 협상가의 자질

협상가는 명료한 사고 능력, 명확한 의사 표현 능력, 인내, 재치, 유머 감각, 분석 능력, 객관성, 예측 능력, 실용성, 중용의 자세, 통찰력 등 협상에 필수로 요구되는 자질을 지니고 있어야 한다. 반면 협상에 부정적인 요소로 작용하는 자질은 권위주의, 지나치게 솔직함, 조급함, 부주의, 산만함, 주관적 성향 등이다.

협상자의 자질 중 가장 중요한 3가지의 덕목은 '커뮤니케이션 능력', '협상의 경험도에서 오는 노련함', '긍정적인 협상 태도'라고 할 수 있다.

화려한 언변도 중요하지만 조리 있고 설득력과 조화를 갖춘 말솜씨가 필요하다. 인내를 가지고 상대방의 말에 귀 기울이는 것도 중요하다. 열 마디의 말 중에는 꼭 필요한 한두 마디가 포함되어 있다. 그 한두 마디를 위해 인내를 가지고 경청해야 한다.

인간은 인지적 구두쇠로서 생각을 최소로 하려고 하고 자신에게 유리하거나 필요한 것만 새겨듣고, 보고 싶은 것만 보고, 듣고 싶은 것만 듣고, 긍적적인 신호만을 기억을 하려 하고 남의 말에 귀 기울이지 않는 습성이 있다. 따라서 협상안에 관심을 가지도록 임팩트 있고 일목요연하게 3분 안에 완성하는 전략을 구사해야 한다. 협상 상대방이 관심을 가진 후에는 여러 가지 질문이 따르게 되어 있다. 그때마다 차근차근 설명한다면 협상의 50%는 확보했다고 해도 과언이 아니다.

1-3-2. 시간(Time): 협상 상황(시간적 유효성과 타이밍)

시간은 협상 시간의 활용이 중요하지만 시기적절한 타이밍, 시간적 유효성도 그에 못지않게 중요한 요소이다.

첫째, 협상 시간의 활용이 중요하다. 충분한 시간을 가지고 접근해야 한다. 시간에 쫓기어 협상을 그르치는 오류를 범하면 안 된다.

둘째, 적절한 타이밍 또한 중요하다. 줄탁동시(啐啄同时), 즉 병아리가 알에서 나오기 위해서는 새끼와 어미닭이 안팎에서 서로 동시에 쪼아야 한다는 뜻으로, 선종(禪宗)의 공안 가운데 하나이기도 한 사자성어이다. 협상 상대방과 서로 간의 수요에 의한 적절한 타이밍에 맞춰 동시에 비즈니스를 완성시키는 '줄탁동시' 전략이 중요하다.

셋째, 시간적 유효성을 고려해야 한다. 시간의 경과로 협상안 자체가 아무런 소용이 없어지는 경우가 허다하다. 유효한 시간 안에 협상이 이루어져야 한다. 현재의 산업은 방향성보다는 속도성이 강하다. 시간적 유효성이 중요하다.

1-3-3. 정보(Information): 전략 구성

지피지기 백전불태(知彼知己百战不殆), 적을 알고 나를 알면 백 번의 전투에서도 위태롭지 않다. 즉 현재의 비즈니스는 정보 전쟁이라고 해도 과언이 아니다. 어느 쪽이 정보를 더 많이 가지고 있느냐에 따라 협상 결과가 판가름 난다. 정보 획득에 관해서는 아무리 강조를 해도 모자라지 않을 정도로 비즈니스 협상에서 중요한 부분을 차지한다.

노자가 말하기를, "남을 아는 사람은 지혜로운 사람이고 자신을 아는 사람은 현명한 사람이다, 남을 이기는 사람은 힘 있는 사람이고 자신을 이기는 사람은 강한 사람이다"라고 했다.

이처럼 상대방을 알고 나를 알면 백 번의 전쟁에서도 위태롭지 않듯이 비즈니스 협상에서도 상대방의 정보 못지않게 자기 자신이 가진 모든 능력 및 상황을 파악해 협상에 임하는 것도 중요하다.

비즈니스 협상에서 전략적 우위를 점할 수 있는 방법은, 상대방과 나에 관한 정확한 정보 획득을 통하여 다투지 않고도 서로 윈윈할 수 있는 전략만이 최상의 협상 방법이라고 할 수 있다.

성공적인 중국 비즈니스 협상을 위한 전략

중국
비즈니스 협상
A to Z

Chapter 2.

중국의 구조적 이해

2-1. 정치 구조
2-2. 정책 결정 메커니즘
2-3. 정책 결정 발전 과정
2-4. 국가 상징

2-1 정치 구조

중국의 국가기관은 국가 최고권력기관이자 입법부에 해당하는 전국인민대표대회(全国人民代表大会, 약칭 '전인대')와 상무위원회(常务委员会)가 있고 그 하위기관으로 행정부에 해당하는 국무원(国务院), 사법부에 해당하는 최고인민법원(最高人民法院)과 최고감찰기관인 최고인민검찰원(最高人民检察院) 그리고 중앙군사위원회(中央军事委员会)로 구성되어 있다.

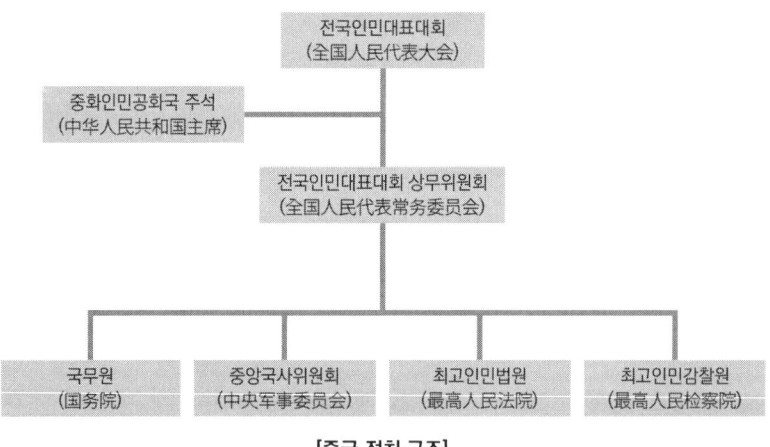

[중국 정치 구조]

(출처: 百度图片)

2-1-1. 국가 헌법

중화인민공화국헌법(中华人民共和国宪法)은 중국의 근본 대법으로 중국 현행 헌법은 1982년 12월 4일 제5기 전국인민대표대회 제5차 회의를 통과하고, 1982년 12월 4일 전국인민대표대회(全国人民代表大会) 공고를 통해 시행, 공표하였다. 이후 1988년 4월 12일, 1993년 3월 29일, 1999년 3월 15일, 2004년 3월 14일, 2018년 3월 11일 5차의 수정을 거쳐 중화인민공화국 헌법개정안이 통과되었다

2-1-2. 권력기관

중화인민공화국 전국인민대표대회(中华人民共和国全国人民代表大会)는 약칭으로 전인대(全人大)라고 부르는 최고의 국가권력기관이다. 상설기관은 전국인민대표대회 상무위원회(全国人民代表大会常务委员会)이다. 전국인민대표대회와 전국인민대표대회 상무위원회는 국가 입법권을 행사한다.

행정기관, 감찰기관, 사법기관, 법률감독기관은 모두 해당 인민대표대회에 의하여 조직되고 그에 대하여 책임을 지며 그 감독을 받는다. 즉, 인민대표대회는 인민이 국가권력을 행사하는 기관이므로, 행정기관인 인민정부, 감찰기관인 감찰위원회, 사법기관인 인민법원과 법률감독기관인 인민검찰원의 상위에 있다. 아울러 인민정부, 감찰위원회, 인민법원, 인민검찰원, 즉 '일부일위양원(一府一委两院)'은 수평적 관계에 있다.

전국인민대표대회 상무위원회(全国人民代表大会常务委员会)는 약칭으로 전국인대상위회(全国人大常委会)라고 부른다. 중화인민공화국의 최고 국가권력기관으로 국가 입법권을 행사하는 상설기관이다. 전인대 폐회 기간 동안 전인대를 대표하여 직권을 행사하며 헌법 법률의 해석 및 시행 감독과 법률 개정 등이 주된 업무이다.

2-1-3. 행정기관

중화인민공화국 국무원(中华人民共和国国务院), 즉 중앙인민정부(中央人民政府)는 최고 국가권력기관의 집행기관이며, 최고 국가행정기관이다. 국무원은 총리책임제를 실시하고 있다.

한국에서 행정권은 대통령을 수반으로 하는 중앙정부에 속하지만, 중국의 국가주석은 국가원수로서의 지위만 있을 뿐 행정수반이 아니며 행정권은 국무원에 속한다. 국무원은 전국인민대표대회 및 상무위원회가 제정한 헌법, 법률 결의를 집행할 의무가 있다. 총리를 정점으로 하여 부총리와 국무위원, 각 부의 부장 등으로 구성되어 있다.

2-1-4. 감찰기관

중화인민공화국 국가감찰위원회(中华人民共和国国家监察委员会)로 국가의 감찰기관이다. 감찰위원회는 법 규정에 따라 독립적으로 감사권을 행사하며 행정기관과 사회단체, 개인의 간섭을 받지 않는다. 중국의 감찰위원회는 2018년 3월 11일에 헌법을 개정하면서 창설된 국가기관이다. 감찰위원회의 기능은 공권력을 행사하는 모든 공직자에 대한 감찰권과 직무상 불법행위와 직무범죄에 대한 조사권을 행사하는 것이다. 국가감찰위원회는 새로 만들어진 국가기관이라고 하기보다는 기존의 감찰부, 국가부패예방국, 최고인민검찰원의 횡령·뇌물, 직무상 과실, 독직 및 직무범죄예방 등 부패방지 관련 직권을 통합하여 조직된 국가기관으로, 중국공산당의 기율검사위원회(당내 감찰기관)와 함께 업무를 본다.

2-1-5. 사법기관

중화인민공화국 최고인민법원(中华人民共和国最高人民法院)으로 국가의 사법기관이다. 인민법원은 법 규정에 따라 독립적으로 재판권을 행사하며 행정기관, 사회단체, 개인의 간섭을 하지 않는다. 한국의 대법원에 해당한다.

2-1-6. 국방기관

중화인민공화국 최고군사위원회(中华人民共和国中央军事委员会)로 국가의 국방기관이다.

2-2 정책 결정 메커니즘

　중국은 '중국 특색의 사회주의 국가'를 근간으로 하여 공산당이 국가 정책 수립의 정점에 있다고 볼 수 있다. 강력한 중앙정부의 주도하에 획일적으로 큰 목표를 설정하고 그 목표에 따라 여러 가지 정책을 실행에 옮긴다. 지도자가 바뀌어도 중국 정책 실행의 큰 흐름에는 영향을 받지 않는 이유이기도 하다. 이처럼 중국은 백년대계가 가능한 프로세스를 가지고 있다.

　일반적으로 중국의 경제 정책 과정은 5년에 한 번씩 열리는 중국공산당 대표대회에서 기본 정책을 수립하여 상정하면 다음 해 3월 전인대에서 이를 추인하는 과정을 거친다. 공산당이 계획을 수립하고 전인대의 비준을 받는 형식이라고 볼 수 있다.

　중국공산당대표대회는 5년에 한 번씩 10월경에 개최되고 국가의 중요한 정치, 경제 일정 등을 결정한다. 즉 5년 단위로 경제 정책을 결정하여 발표하고 그 경제 정책에 따라 5년의 미래를 계획한다. 1953년 1차 5개년 규획을 수립하여 실행한 후 2021년 현재 14차 5개년 규획이 실행 중에 있다.

　5년에 한 번 열리는 중국공산당 대표대회가 끝나면 매년 한 번씩 중국공산당 중앙위원회 전체회의(4중전, 5중전으로 불림)가 10월경에 소집되고 다음 해의 여러 가지 정책들을 결정하게 된다.

2-2-1. 상반기 정책 결정 회의: 양회(전국인민대표대회/전국인민정치협상회의)

양회(两会)는 중국에서 일반적으로 매년 3월에 거행되는 정치행사로 전국인민대표대회(全国人民代表大会, 약칭 전인대)와 전국인민정치협상회의(全国人民政治协商会议, 약칭 정협 또는 인민정협)를 가리킨다. 양회를 통하여 중국 정부의 운영 방침이 정해지기 때문에 중국 최대의 정치행사로 주목을 받는다.

정협과 전인대회는 일반적으로 매년 3월 초에 개최되며, 개최 기간은 10~12일이다.

전국인민대표대회(全国人民代表大会)

전국인민대표회의는 우리나라 국회에 해당하는 기관으로 입법기관이다. 하지만 최고국가권력기관이라는 점에서 헌법상의 지위에는 차이가 있다. 중국의 최고권력기관으로서 전국 각 성·자치구·시의 인민대표와 인민해방군이 선출한 대표로 구성되며 전인대(全人大) 대표 총수는 전인대 상무위원회가 상황에 따라 결정하나, 3,500명을 초과하지 못하며 임기는 5년으로 2020년 현재 13기(2018.3.-2023.3.) 2,954명의 인민대표들이 활동하고 있다.

헌법 및 형사, 민사, 국가기관과 각종 기본법을 제정 또는 개정하는 최고 입법권을 가지고 있다. 또한 국가주석, 부주석, 국무원 총리와 부총리, 국무위원, 최고인민법원장, 최고인민검찰원장을 선출 또는 파면할 수 있는 직권을 가지고 있다. 전국인민대표회의(전인대)는 매년 한 차례, 보통 3월에 10일 정도 개최된다. 하지만 대부분 사무는 그 상설기관인 상무위원회(약 175명)에서 맡아 처리한다. 따라서 중국에서 실질적인 입법부는 전인대 상무위원회라고 할 수 있다.

전국인민정치협상회의(全国人民政治协商会议)
인민정치협상회의(정협)는 중국 최고정책자문기구로 중화인민공화국 성립 이전, 1949년 신중국 건립과 동시에 설립되었다. 1954년 전인대가 구성되기 전까지는 국회 역할을 수행했으나 이후 고유한 정책 자문 역할을 수행하게 되었다.

정협은 크게 전인대 이틀 전에 개최되는 전국위원회와 상설기구인 상무위원회로 구성되며, 전국위원회는 중국공산당을 비롯한 각 당파와 인민단체, 소수민족, 홍콩과 마카오 교포 등 각계각층의 대표 약 2,000명으로 구성되며, 임기는 5년이다. 전국위원회는 상무위원회의 주석과 구성원들을 선출한다.

국정 방침 및 안건에 대한 토의에 참여하여 제안 및 비판의 기능을 수행하지만, 정책을 결정하는 기구가 아니기 때문에 영향력은 전인대보다 낮다.

2-2-2. 하반기 정책결정 회의: 공산당전국대표회의/ 중앙위원회

공산당전대표회의(共产党全国代表会议)

중국공산당은 당장(党章)에 의하면 '중국 노동자 계급의 선봉대이자 동시에 중화인민과 중화민족의 선봉대이며, 중국 특색 사회주의 사업의 영도 핵심이며 중국의 실질적 최고 권력기관'이라고 규정하고 있다. 공산당 전국 대표회의는 5년마다, 보통 10월에 개최된다. 중국의 지도자들이 이 회의에서 선출된다.

1921년과 1922년에 1, 2차 공산당전국대표회의를 상해에서 개최하였으며 1923년에는 광저우에서 3차 공산당전국대표회의가 열렸으며 2012년 18차 공산당전국대표회의에서 시진핑 시대의 개막을 알렸다. 현재는 2017년 19차 공산당전국대표회의(약칭 十九大)까지 진행되었다. 다음 공산당전국대표회의인 20차 공산당전국대표회의(약칭 二十大)는 2022년에 개최될 예정이다.

현재 19차 당대회 이후 중국공산당대표회의 대표는 총 2,287명이며, 205명의 중앙위원과 그 안의 25명의 정치국 위원, 그리고 그중에서 7명의 상무위원들이 존재하며 이 상무위원들이 최고의 통치 엘리트들이다.

중국공산당 전국대표대회의 직권은 다음과 같다.

① 중앙위원회의 보고를 청취 심사한다.
② 중앙규율검사위원회의 보고를 심사한다.
③ 당의 중대한 문제를 토의 결정한다.
④ 당규약을 개정한다.
⑤ 중앙위원회를 선거한다.
⑥ 중앙규율검사위원회를 선거한다.

> **※ 중국공산당 현황**
>
> 중국공산당은 1921년 상하이(上海)에서 창당되었다. 창당 시기 당원은 57명에 불과했지만, 1949년 중화인민공화국 설립 후 급속도로 증가해 1977년 약 3,500만 명이었으며, 2021년 6월 현재 중국공산당 전체 당원은 약 9,514.8만 명에 이른다. 여자 당원이 2,745만 명으로 약 28.8%를 차지하고 있고, 소수민족의 당원이 13.5만 명으로 약 7.5% 정도를 차지하고 있다. 40세 이하의 당원이 약 1/3을 넘고 있으며, 전문대 이상의 학력자가 당원의 과반을 넘는 4,951.3만 명으로 52.0%를 차지하고 있다. 2021년 현재 창당 100주년을 맞이하여 각종 행사가 대대적으로 진행되었다.

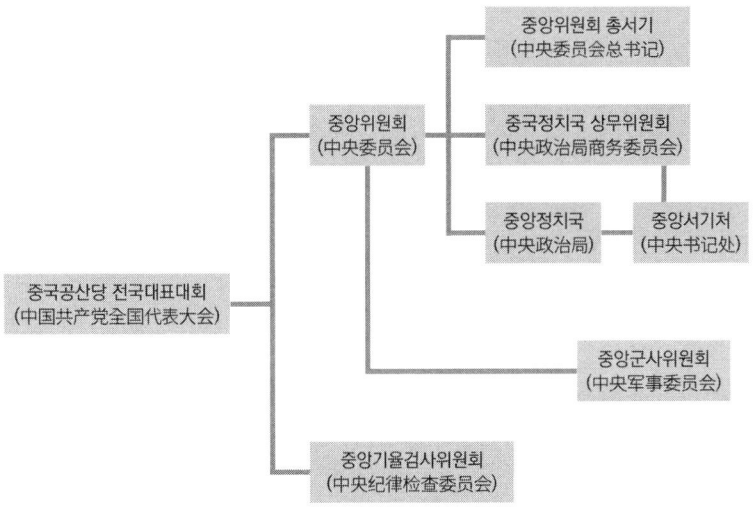

[중국공산당 의사결정 프로세스]

중앙위원회(中央委员会)

중앙위원회(中央委员会, 약칭 중전회(中全会))는 공산당전국대표회의 폐회 기간에 전국대표대회의 결의를 집행하고 전체적인 당의 업무를 견인하며 당의 활동 전반을 지도하며 대외적으로 중국공산당을 대표한다. 중앙정치국에 의해 소집되며 적어도 매년 1회 개최되는데 상황에 따라서 2번 개최되기도 한다. 보통 10월에 개최된다.

19차 공산당전국대표회의 기간에 진행된 중앙위원회는 순서에 따라 19기 1중전회(2017년), 19기 2중전회(2018년), 19기 3중전회(2018년), 19기 4중전회(2019년)로 이름을 붙인다.

2021년 현재 제19기 중앙위원 204명, 후보위원 170명, 중앙정치국위원 25명이다.

중국의 개혁·개방을 결정한 회의로 잘 알려진 제11기 '3중전회(三中全会)'는 바로 11기 '제3차 중국공산당 중앙위원회 전체회의'의 약칭이다. 당 중앙위원회의 장이 총서기이며, 총서기는 중앙정치국 회의와 상무위원회 회의를 소집하고 중앙서기처의 업무를 주재한다.

중국 공산당은 2021년 11월 8~11일, 제19기 중앙위원회 6차 전체회의(19기 6중전회)를 열고 역대 3번째 역사결의(당의 100년 분투의 증대 성취와 역사 경험에 관한 중공중앙의 결의)를 채택했다.

2-3 정책 결정 발전 과정

2-3-1. 국가 정책 발전 과정 및 계획

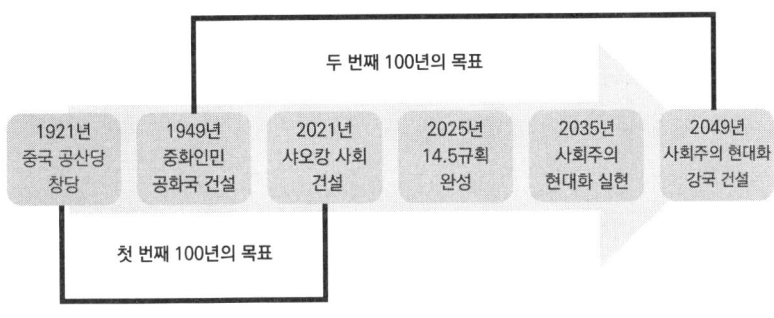

[중국 국가 정책 발전 과정]

중국은 미시적으로 2021년부터 시작하는 5년의 계획인 14.5규획과 거시적으로 중국을 설계하는 두 가지 100년의 목표를 가지고 있다.

2-3-2. 두 가지 100년의 거시적 목표

첫 번째 100년의 목표: 중국공산당 건립 100주년(1921-2021)

전면적 샤오캉(小康) 사회 건설이 첫 번째 목표이다. 샤오캉(小康) 단계는 의식주 문제가 완전히 해결되고 문화적인 생활을 할 수 있는 단계로 1인당 GDP가 2010년 대비 두 배로 증가하여 혁신국가의 반열에 진입한 단계로 설명하고 있다.

2020년 전면적인 샤오캉 사회를 건설했다고 공식적으로 발표를 했는데 경제적 수치를 통해서 보면 국내총생산이 100조 위안, 1인당 GDP가 약 72,400위안(약 11,200달러)로 1만 달러를 돌파했다.

두 번째 100년의 목표: 중화인민공화국 건국 100주년(1949-2049)
전면적 사회주의 현대화 강국 건설이 두 번째 목표이다. 현대화된 경제체제를 건설하고 혁신선진국가의 반열에 진입하는 단계로 법치국가, 문화강국, 교육강국, 인재강국 건설을 목표로 하고 있으며 중산층의 비중을 대폭 확대, 소득 격차를 대폭 축소하고 공공 서비스의 균등화 등으로 공동부유 실현의 단계이다.

첫 번째 백년 목표인 샤오캉 사회 달성 후(2021년) 2049년 사회주의 현대화 강국 건설의 중간 지점인 2035년에 사회주의 현대화의 기본적 실현(중등국가 실현: 中等发达国家)이라는 중간 목표설정 실행 중이다. 경제 수치상으로는 '국내총생산'과 '1인당 GDP'가 2020년보다 두 배의 성장을 가져왔을 때라고 정의하고 있는데 그 예상시점이 2035년이다.

덩샤오핑의 선부론이 이미 달성된 단계에서 다음 100년의 목표로 향해 달려가는 중국의 큰 흐름 속에서 볼 때, 2021년 현재 중국 사회에서 소득 불평등, 부의 불균형, 양극화 현상이 가장 심하게 나타나는 부동산 산업, 빅테크 산업, 사교육 산업 등에 대한 규제는 일시적으로 나타나는 현상이 아니라 전면적 사회주의 현대화 강국 건설이라는 중국 국가의 백년대계를 이끌어 가는 큰 과정 속에서 공동부유 실현을 위한 당연한 과정이 아닐까 싶다.

공동부유는 인민이 함께 잘 살자는 의미로 함축을 할 수 있는데 고소득을 올리는 개인이나 기업이 더 많은 부를 사회에 환원함으로써 공동의 부를 촉진시키고 인민이 같이 부유한 삶을 누리고 사회주의 핵심 가치관을 강화하며 인민 대중들의 다양한 문화에 대한 욕구 충족에 있다고 볼 수 있다.

2-3-3. 14.5규획을 통한 향후 5년의 미시적 목표

2020년 10월, 19기 5중전회(10월 26-29일)에서 발표된 '국민경제사회발전 제14차 5개년 규획과 2035년 장기목표에 대한 건의'의 주요 내용은 다음과 같다. '국민경제사회발전 제14차 5개년 규획'의 경제정책은 대내적으로 중국 경제의 안정적 성장과 질적 제고를 도모하고, 대외적으로는 미·중 갈등심화와 장기화에 대응하여 대외 리스크를 줄이는 것을 목표로 하는 중장기 발전전략과 정책을 포함하고 있고 '2035년 장기목표에 대한 건의'에서는 2035년까지 과학기술 자주혁신, 산업구조 고도화, 녹색성장, 문화 소프트파워 강화, 국방 현대화, 국민의 삶의 질 제고 등 종합적인 국가역량을 키워 혁신형 선진국 대열에 합류하겠다는 목표를 제시하고 있다.

2021년은 14·5규획을 시작하는 해로 중국 정부는 2020년 이미 탈빈곤에 성공하면서 전면적 샤오캉 사회를 달성했다고 발표했다. 중국의 다음 목표는 신중국 건국 100주년인 2049년에 도달해야 하는 '사회주의 현대화 강국 건설'로 14·5규획은 그 여정의 기초를 닦는 과정이라고 할 수 있다. 민생 안정과 내수 확대에 그 초점을 맞추면서 6대 목표와 6개 주요 경제 정책을 정해 놓고 있다.

▶ 14.5규획의 6대 목표
① 경제발전의 새로운 성과 달성
② 개혁·개방의 새로운 전진
③ 사회문화 수준의 새로운 향상
④ 생태문명 건설의 새로운 진보
⑤ 민생복지의 새로운 도약
⑥ 국가 거버넌스의 새로운 제고

▶ 14.5규획의 6대 경제 정책
① '쌍순환' 발전전략
② 혁신주도 성장
③ 산업구조 고도화
④ 내수시장 활성화
⑤ 신성장동력 창출(디지털 경제 및 녹색성장 전환)
⑥ 대외개방 전략임

2-4 국가 상징

2-4-1. 국기(国旗)

중화인민공화국의 국기는 '오성홍기(五星紅旗)'라고 부른다. 빨간 바탕은 공산군의 피와 혁명을 상징한다. 큰 노란 별은 중국공산당을, 네 개의 작은 노란 별은 노동자, 농민, 소자산가, 민족자산가 등 네 계급을 의미한다. 별이 노란색(황금색)인 것은 '추수' 혹은 '광명'을 나타내며 황인종을 의미하기도 한다.

2-4-2. 국휘(国徽)

국가의 권위를 상징하는 국가 휘장은 전체적으로 원형이고, 천안문과 다섯 개의 별이 도안의 중심이다. 주위는 곡식 이삭과 톱니바퀴로 되어 있다. 천안문은 중국 인민의 혁명 전통을, 다섯 개의 별은 공산당 지도하에 중국 인민의 대단결을 의미한다. 톱니와 곡식 이삭은 노동자, 농민 계급을 상징한다.

2-4-3. 국가(国歌)

중국의 국가(国歌)는 '의용군 행진곡(义勇军进行曲)'으로 원래 항일 영화 '풍운여아(风云儿女)'의 주제가였다. 톈한(田汉)이 가사를 짓고 니에얼(聂耳)이 1935년 작곡한 것으로 1978년 개사를 했으나 1982년 원래의 가사로 복원되었다.

Chapter 3.

중국의 사회주의 시장경제 이해

3-1. 중국의 사회주의 시장경제 이론의 이념적 기초
3-2. 중국 특색 사회주의 시장경제
3-3. 중국식 사회주의 발전 단계

3-1 중국의 사회주의 시장경제 이론의 이념적 기초

자본주의와 사회주의

자본주의와 사회주의의 가장 큰 차이점은 생산수단[1]인 기업이나 토지를 누가 소유하느냐이다.

- 자본주의: 생산수단을 개인이 소유
- 사회주의: 생산수단을 국가나 집단이 공동으로 소유

계획경제와 시장경제

- 계획경제: 중앙정부가 생산과 소비의 결정 메커니즘 역할
- 시장경제(상품경제)[2]: 정부가 개입을 최소화하고 경제주체가 자유롭게 경제활동

중국의 기업 형태

중국의 기업 형태는 국가가 소유하는 전민(全民) 소유제, 지방자치단체 주민이 공동으로 경영하는 집체(集体) 소유제, 개인 또는 합작·합자·외국인 단독투자 3자(三资) 기업 등 3가지로 크게 나눌 수 있다.

간단히 정리하면 기업 형태는 기업의 소유 주체에 따라 결정되는데 국가가 가지고 있으면 국유기업[3]이고 민간이 가지고 있으면 비국유기

---

1) 생산수단: 기업, 토지
2) 상품경제: 사실상 시장경제와 동일한 경제 개념으로 이해할 수가 있다. 중국의 경우, 사회주의 국가의 정체성 유지를 위해 시장경제를 상품경제라는 표현으로 많이 쓴다.
3) 국유기업: 계획에 의해 운영

업[4] 혹은 민간기업이라고 부른다. 이 중 집체 소유제는 지방자치단체 주민이 공동으로 경영하는 시스템인데 우리의 읍, 면에 해당하는 향진 소속 주민들이 중소기업을 형성, 경영과 생산 및 판매를 자율적으로 결정하는 방식[5]이며 우리나라 농촌의 새마을 공장과 비슷하다고 볼 수 있다. 마을 주민이 공동소유, 공동생산, 공동분배에 참여하는 방식으로 자본주의식 경영방식의 부분적 도입이라고 할 수 있는데 매우 성공적으로 평가받고 있다.[6]

---

4) 비국유기업: 시장경제 혹은 상품경제에 의해 운영
5) 향진기업: 지방자치단체의 주민이 공동으로 참여하는 부분적 자본주의 경영체제 형태의 운영
6) 현재 중국의 국유기업도 시장원리에 의해 운영되고 있으며, 경영실적이 좋지 않을 경우 파산하기도 한다.

3-2 중국 특색 사회주의 시장경제

중국은 1949년 중화인민공화국 수립 후 개혁·개방 이전인 1978년까지 소련의 경제구조를 모방한 계획경제체제를 유지한다. 당시 중국은 낙후된 농업생산 위주의 국가로 이 계획경제체제가 성공을 거두지 못한다. 그래서 1979년 덩샤오핑의 지휘 아래 개혁·개방과 더불어 제시된 체제가 '중국 특색 사회주의(Socialism with Chinese Characteristics)'이다.

중국 특색 사회주의 체제에서는 국가의 정책 기조가 경제로 그 중심이 이동된다. 계획경제를 수정한 대내적인 개혁과 폭넓은 경제교류를 통한 대외적 개방이 그 중심에 서게 된다. 4가지의 기본원칙하에서 대내적인 개혁과 대회적인 개방을 하겠다는 것이 특징이다.

▶ 4가지의 기본 원칙(사회주의의 정체성 유지)
　① 사회주의 유지: 생산수단을 국가나 집단이 보유
　② 인민민주독재: 인민들, 즉 노동자, 농민계급의 지도자적 위치 유지
　③ 공산당 영도: 공산당의 지도하 정치, 경제, 사회 등을 유지
　④ 마르크스-레닌주의, 마오쩌둥 사상, 덩샤오핑 이론 유지

시간이 흐름에 따라 이 4가지의 기본 원칙을 유지하면서, 3개의 대표론, 과학적 발전관, 신시대 중국 특색 사회주의 사상이 추가된다.

참고

마오쩌둥 사상(毛泽东思想)

마오쩌둥 사상은 마르크스-레닌주의의 기본 원리와 중국 혁명 결합의 구체적 산물로 유격전, 토지개혁, 사상개조, 계급투쟁 등의 혁명을 통한 사회주의와 공산주의 완성을 위한 사상이다.

덩샤오핑 이론(邓小平理论)

덩샤오핑 이론은 덩샤오핑이 건설한 중국 특색 사회주의 이론으로 1978년 중공 '제11기 3중전회(中全会)' 이후 탄생된 이론이다. 중국식 사회주의를 근간으로 '실사구시(实事求是)'의 큰 틀 속에서 진행된다. 그 유명한 '흑묘백묘론(黑猫白猫: 검은 고양이든 흰 고양이든 쥐만 잘 잡으면 된다)'이 여기서 등장을 한다. 국력의 증강, 생산력의 향상, 인민생활의 제고 등에 유리하다면 과감히 자본주의적 요소를 도입할 수 있다는 중국 특색 사회주의 이론이 근간이다.

3개 대표론(三个代表论)

2000년 2월 장쩌민(江澤民) 주석이 광둥성 시찰 당시 제창한 세 가지 이론이다.
  ① 공산당이 선진사회 생산력의 발전 요구를 대표
  ② 공산당이 선진문화 창달을 대표
  ③ 공산당이 최대 인민의 근본이익을 대표

과학발전관(科学发展观)

2003년 8월 후진타오가 장시성을 시찰하면서 언급한 이론이다.

인본주의(以人为本)를 핵심으로 '사람을 근본으로 하는 성장'에 그 중심을 두고 전면적이고 협조적이며 지속가능한 발전관을 수립하여 경제사회와 인민의 전면적 발전 추진을 강조한다.

중국은 2001년 말 WTO 가입과 함께 경제적으로 괄목할 만한 양적인 성장을 가져왔지만 질적인 성장에서는 그에 미치지 못했다. 도시와 농촌 간의 격차, 동부와 서부지역의 격차 등 여러 가지 문제점이 부각되는 시점에 서부대개발 및 신농촌정책 등을 통한 국가의 균형발전 및 불균형 해소를 모색한다.

시진핑 신시대 중국 특색의 사회주의 사상
(习近平新时代中国特色社会主义思想)

2017년 10월 18일 개막한 중국공산당 제19차 전국대표대회(당대회)에서 시진핑(习近平) 국가주석이 제창한 통치철학을 말한다. 이미 덩샤오핑(邓小平)이 제기한 바 있는 '중국 특색 사회주의'에 '신시대'라는 수식어를 달았는데 '신시대 중국 특색 사회주의'의 핵심은 2개의 100년 목표와 맞닿아 있다.

'도광양회(韬光养晦: 어둠 속에서 때를 기다린다)'에서 '대국굴기(大国崛起: 대국이 일어서다)'로, 선부론(先富: 일부가 먼저 부유해진 후 이를 확산)에서 공동부유(共同富裕: 사회주의의 근본 이념이기도 한 '다 같이 잘 살자')로 그 중심이 이동하고 있다.

〈덩샤오핑의 중국 특색 사회주의 이론과
시진핑 신시대 중국 특색 사회주의 이론 비교〉

덩샤오핑의 중국 특색 사회주의	시진핑의 신시대 중국 특색 사회주의
도광양회(韜光養晦): 어둠 속에서 때를 기다린다.	대국굴기(大國崛起): 대국이 일어서다.
선부론(先富): 일부가 먼저 부유해진 후 이를 다른 지역으로 확산	공동부유(共同富裕): 다 같이 부유한 사회 (사회주의 근본이념)

중국은 헌법 조항에 사회주의 시장경제를 실시한다고 명시하고 있다. 사회주의 시장경제는 사회주의의 기본 사회제도와 결합된 시장경제로 사회주의의 근본적 성격을 보여준다. 사회주의 국가의 거시적 통제하에 시장 메커니즘이 사회자원 배분에 기초적인 작용을 하는 경제체제다.

경제활동이 가치 법칙의 요구에 따라 수급 관계의 변화에 적응하게 하고, 가격 레버리지와 경쟁 메커니즘을 통해 자원의 효율이 가장 좋은 부분으로 배치하며, 기업의 경쟁력을 제고시키고, 시장이 각종 경제 신호에 민감하게 반응하는 특징을 운용하여 생산과 수요의 즉각적인 조화를 촉진시킨다.

다시 말해 사회주의 시장경제란 시장의 수급, 가격, 경쟁 등을 통해 국가가 사회자원 배치에 기초적인 역할을 하는 체제를 말한다.
경제적으로는 시장경제를 택하되 정치적으로는 사회주의 국가 이념을 가지고 가겠다는 이념으로 정리할 수 있다.

3-3 중국식 사회주의 발전 단계

3-3-1. 중국이 제시하는 국가의 단계

1단계: 원시 공산제: 물질적으로 풍요로운 생활
2단계: 고대 노예제: 계급사회 발생
3단계: 중세 봉건제: 농노를 부리고 부를 축적
4단계: 근대 자본주의: 산업혁명 발생
5단계: 사회주의: 자본주의의 사회적 불평등, 경제가치 배분의 불균형 현상의 대안으로 모색

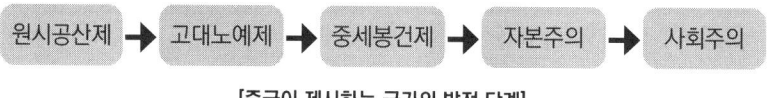

[중국이 제시하는 국가의 발전 단계]

중국이 제시하는 국가 발전 단계의 궁극적 목표는 자본주의의 모순을 뛰어넘어 마르크스 이론에 입각한 사회주의 국가 건설에 그 방점이 찍혀 있다는 것을 알아야 한다. 2021년 현재 대두되고 있는 '공동부유' 정책도 결코 이와 무관하지 않다.

3-3-2. 경제 발전 전략 목표

중국 사회주의의 목표는 사회주의 현대화 강국 건설이다. 2049년

중화인민공화국 100년이 되는 해에 사회주의 현대화 강국 건설을 목표로 하고 있다.

1단계: 원바오(溫饱). 기본적 의식주 해결
2단계: 샤오캉(小康). 의식주 + 문화생활
3단계: 다퉁(大同). 중진국 수준 경제 발전, 전면적 현대화 달성

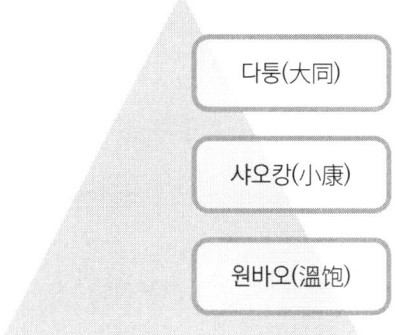

[중국의 경제발전 전략적 목표]

중국은 공자의 『예기(礼记)』에 나오는 이상사회인 다퉁(大同)사회 건설을 목표로 하고 그 달성의 단계를 원바오(溫饱), 샤오캉(小康), 다퉁(大同) 단계로 나누는데 국가경제발전계획과 그 궤를 같이하고 있다.

원바오(溫饱) 단계는 따뜻하게, 배부르게 먹는 사회로 기본적인 의식주가 해결되는 상태를 말한다. 1인당 국민소득이 약 1,000달러대에 이르는 수준을 말한다.

샤오캉(小康) 단계는 의식주 문제가 완전히 해결되고 문화적인 생활을 할 수 있는 단계로 1인당 소득 1만 달러대에 이르는 수준을 말하는데 2020년 그 수준을 달성했다.

샤오캉(小康)이라는 단어는 중국 고대 최초의 시가 총집인 『시경(诗经)』에서 나온 말이다. 『시경·대아·민노(诗经·大雅·民劳)』의 첫 편에는 "민여노지, 흘가소강(民亦劳止, 汔可小康)"이라는 구절이 나온다. '백성들이 힘써 일했으니 이제는 조금 편안하게 쉬도록 해야 한다'는 뜻으로 백성들의 생활환경을 개선하려는 소박한 사회적 이상을 반영하는 구절이다. 그 이후로 점차 의식문제를 해결하면서 부유한 상태에 미달(未达)하지만, 상대적으로 풍족한 상태를 표현하게 된다.

샤오캉 사회에 들어서면 인민들의 기본적인 '생리적 욕구, 안전에 대한 욕구'는 충족되고 더 나아가 '감정적인 욕구, 존중에 대한 욕구'도 상대적으로 만족감을 느끼며 중산계급이나 중간소득층이 사회의 대다수가 되고 사회가 균형적으로 발전하는 초석이 마련되게 된다.

다퉁(大同) 단계의 사회는 공자가 말한 무위지치(无为之治)로 표현되는 요순(尧舜) 시대의 이상향으로 사회나 인간의 최고 단계라고 할 수 있다. 다퉁사회는 천하에 모든 인민이 평등하다는 천하위공(天下为公)의 근본이념을 가지고 있다. 즉 공동부유 실현의 단계라고 할 수 있다. 2049년 사회주의 현대화 강국 건설이 바로 대동사회로 가는, 일맥상통하는 목표이기도 하다.

3-3-3. 중국 경제발전 단계별 과정

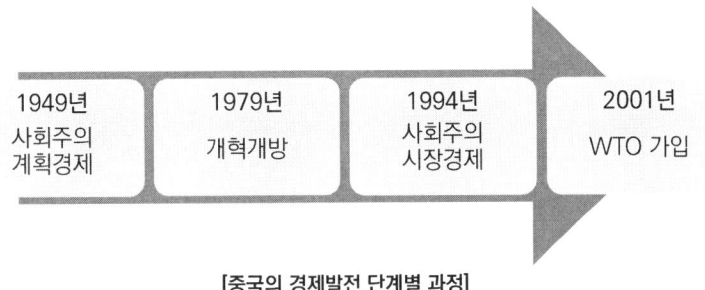

[중국의 경제발전 단계별 과정]

1949년 중화인민공화국 수립
- 계획경제 실시
- 국가: 기업 및 공장 소유
- 농촌: 집단소유제

1979년 개혁·개방 실시
- 계획적 상품경제 실시(계획적 시장경제와 동일 개념)
- 계획경제와 시장경제 공존
- 국유기업: 계획경제 원리에 적용
- 비국유기업: 시장경제 원리에 적용(중국 경제 성장력의 원동력)
- 시장경제 원리에 입각한 비국유기업과 농가 인센티브 제도 시행으로 인한 향진기업의 비약적 발전 유지
- 사회주의 초급 단계론 공식화

1994년 사회주의 시장경제 도입

1992년 덩샤오핑의 남순강화[7]를 통한 사회주의 시장경제 도입(socialist market economy)을 위한 개혁·개방이론 등장과 함께 1993년 제9차 전국인민대회에서 추인받고 1994년 전격 실시되었다.

- 생산성 재고를 위한 개혁 진행(투자유치 촉진, 이중환율제 폐지와 경상거래 자유화, 민영기업을 위한 회사법 제정, 사유재산권을 인정하는 헌법 개정)
- 하나의 중심(경제 성장), 두 개의 기본점 유지[8]
- 과학기술 진흥
- 외자 유치 촉진
- 상하이·선전 증권거래소 개소 개설 및 국유기업의 거래소 상장
- 개혁·개방과 동시 부정부패 척결
- 실사구시: 실천에 의한 정책 실행

2001년 WTO 가입
- 중국 경제의 개방화 촉진
- 세계 무역 대국으로 급성장
- 해외투자 전략의 변화: 해외투자 장려정책(引進來에서 走出去로)
- 신국가 자본주의 대두
- 글로벌 스탠더드 편입

---

7) 남순강화(南巡讲话): 1992년 덩샤오핑이 상하이, 선전, 주하이 등 남방 경제 특구를 순시하면서 개혁·개방을 확대할 것을 강조한 담화
8) 개혁·개방과 네 개의 노선(마르크스-레닌주의 견지, 마오쩌둥 사상 견지, 중국공산당 영도 견지, 프롤레타리아 민주독재)

성공적인 중국 비즈니스 협상을 위한 전략

중국
비즈니스 협상
A to Z

Chapter 4.

중국의 지역 구분 및 경제 이해

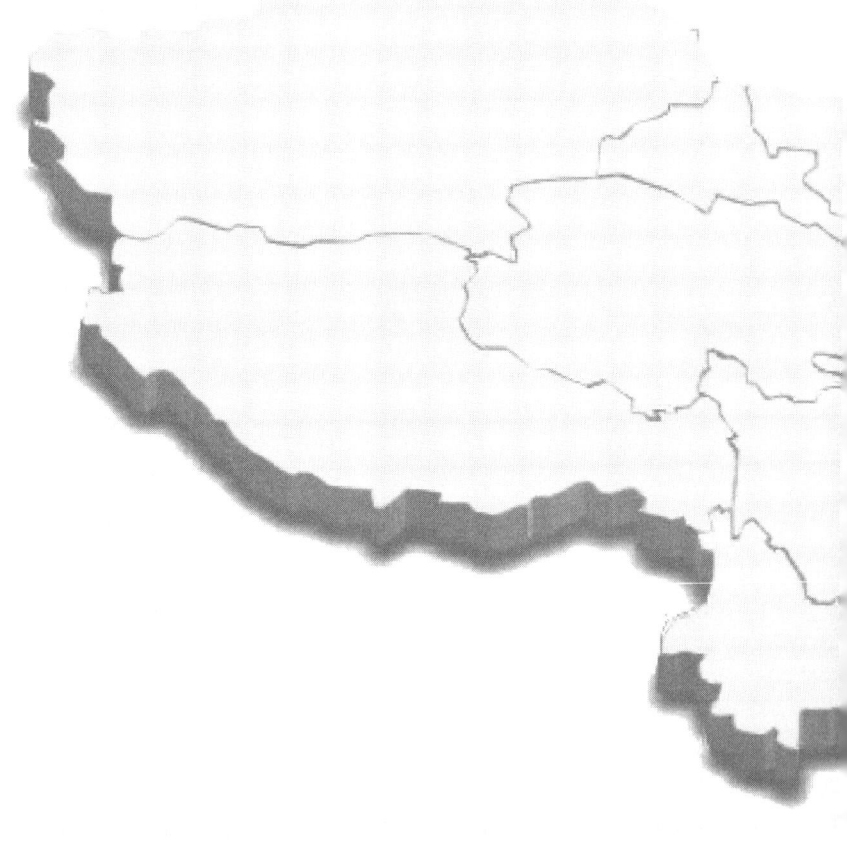

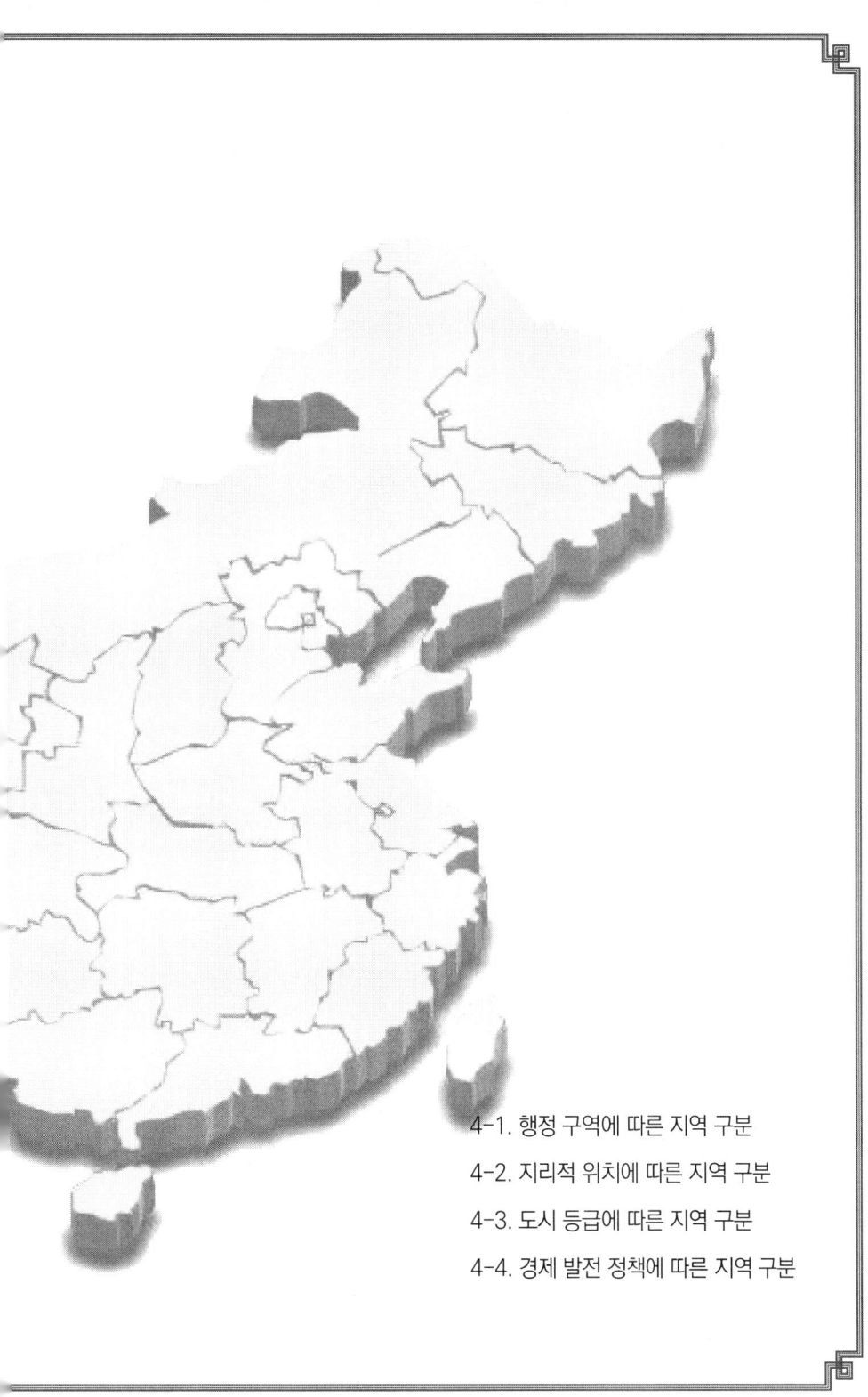

4-1. 행정 구역에 따른 지역 구분
4-2. 지리적 위치에 따른 지역 구분
4-3. 도시 등급에 따른 지역 구분
4-4. 경제 발전 정책에 따른 지역 구분

중국의 지역은 여러 가지로 분류할 수 있다. 가장 대표적으로 행정구역, 지리적 위치, 국가적 등급, 경제 발전 정책에 따라 구분한다.

4-1 행정 구역에 따른 지역 구분

현재 중국의 행정구획 단위는 성급(省级), 지급(地级), 현급(县级), 향급(乡级) 행정구로 구분하고 있다.

〈주요 행정단위〉

성급(34개)	성(23개), 자치구(5개), 직할시(4개), 특별행정구(2개)
지급(333개)	지급시(293개), 지구(17개), 자치주(30개), 맹(3개)
현급(2,847개)	시직할구(977개), 현(1,303개), 현급시(393개), 자치현(120개), 기(49개), 자치기(3개), 특구(1개), 임구(1개)
향급(38,773개)	가도(8,562개), 진(20,988개), 향(8,102개), 민족향(966개), 소목(153개), 기타(2개)

(출처: 중국 행정구획 통계, 2020)

성급(省级)은 성, 자치구, 직할시, 특별행정구를 포함하며, 지급(地级)은 지급시, 지구, 자치주, 맹으로 나누어지며, 현급(县级)은 시직할구, 현, 현급시, 자치현, 기, 자치기, 특구, 임구로 구성된다. 그리고 현 아래에 지방 3급 행정단위인 향(乡)과 진(镇)을 두고 있다. 자치구를 비롯한 자치주, 자치현은 모두 소수민족의 자치 행정단위이며, 맹(盟)과 기(旗)는 네이멍구(内蒙古) 자치구에 있는 행정단위이다.

중국의 성급(省級) 행정구역은 23개 성, 5개 자치구(신장위구르자치구, 시장자치구, 네이멍구, 닝샤회족자치구, 광시장족자치구), 4개 직할시(베이징, 톈진, 상하이, 충칭), 2개 특별행정구(홍콩, 마카오)로 이루어져 있다.

[중국의 성급 행정구역]
(출처: 네이버)

⟨23개 성(省)⟩

	명칭	약칭	면적(만 km²)	인구(명)	행정 중심지
1	허베이(河北)	지(冀)	19	71,854,202	스자좡(石家庄)
2	산시(山西)	진(晋)	15.6	35,712,111	타이위안(太原)
3	랴오닝(辽宁)	랴오(辽)	14.57	43,746,323	선양(沈阳)
4	지린(吉林)	지(吉)	18.74	27,462,297	장춘(长春)
5	헤이룽장(黑龙江)	헤이(黑)	45.4	38,312,224	하얼빈(哈尔滨)
6	장쑤(江苏)	쑤(苏)	10.26	78,659,903	난징(南京)
7	저장(浙江)	저(浙)	10.18	54,426,891	항저우(杭州)
8	안후이(安徽)	완(皖)	13.96	59,500,510	허페이(合肥)
9	푸젠(福建)	민(闽)	12.14	36,894,216	푸저우(福州)
10	장시(江西)	간(赣)	16.69	44,567,475	난창(南昌)
11	산둥(山东)	루(鲁)	15.71	95,793,065	지난(济南)
12	허난(河南)	위(豫)	16.7	94,023,567	정저우(郑州)
13	후베이(湖北)	어(鄂)	18.59	57,237,740	우한(武汉)
14	후난(湖南)	샹(湘)	21.19	65,683,722	창사(長沙)
15	광둥(广东)	웨(粤)	17.98	104,303,132	광저우(广州)
16	하이난(海南)	충(琼)	3.5	8,671,518	하이커우(海口)
17	쓰촨(四川)	촨川수(蜀)	48.5	80,418,200	청두(成都)
18	구이저우(贵州)	구이贵첸(黔)	17.61	34,746,468	구이양(贵阳)
19	윈난(云南)	윈뎬(云滇)	39.4	45,966,239	쿤밍(昆明)
20	산시(陕西)	산陕(친秦)	20.56	37,327,378	시안(西安)
21	간쑤(甘肃)	간甘(룽隴)	45.5	25,575,254	란저우(兰州)
22	칭하이(青海)	칭(青)	69.66	5,626,722	시닝(西宁)
23	타이완(台湾)	타이(台)	3.519	23,694,089	타이베이(台北)

〈5개 자치구(自治区)〉

	면적	약칭	면적(만 km²)	인구(명)	행정 중심지
1	네이멍구 (内蒙古)	멍(蒙)	118.3	24,706,321	후허호트 (呼和浩特)
2	닝샤후이족 (宁夏回族)	닝(宁)	6.64	6,301,350	인촨(银川)
3	광시좡족 (广西壮族)	구이(桂)	23.63	46,026,629	난닝(南宁)
4	신장위구르 (新疆维吾尔)	신(新)	166	21,813,334	우루무치 (乌鲁木齐)
5	시짱(西藏)	짱(藏)	122.84	3,002,166	라싸(拉萨)

〈4개 직할시(直辖市)〉

	명칭	약칭	면적(만 km²)	인구(명)	행정 중심지
1	베이징(北京)	징(京)	1.68	19,612,368	베이징
2	톈진(天津)	진(津)	1.13	12,938,224	톈진
3	상하이(上海)	후沪(선申)	0.63	23,019,148	상하이
4	충칭(重庆)	위(渝)	8.24	28,846,170	충칭

〈2개 특별행정구(特別行政区)〉

	명칭	약칭	면적(만 km²)	인구(명)	행정 중심지
1	홍콩(Hong Kong)	강(港)	0.11	7,097,600	홍콩
2	마카오(Macau)	아오(澳)	29.2	552,300	마카오

4-2 지리적 위치에 따른 지역 구분

중원지역 중심을 기준으로 화중(华中), 화동(华东), 화북(华北), 화남(华南), 동북(东北), 서남(西南), 서북(西北)의 7개 지역으로 분류한다.

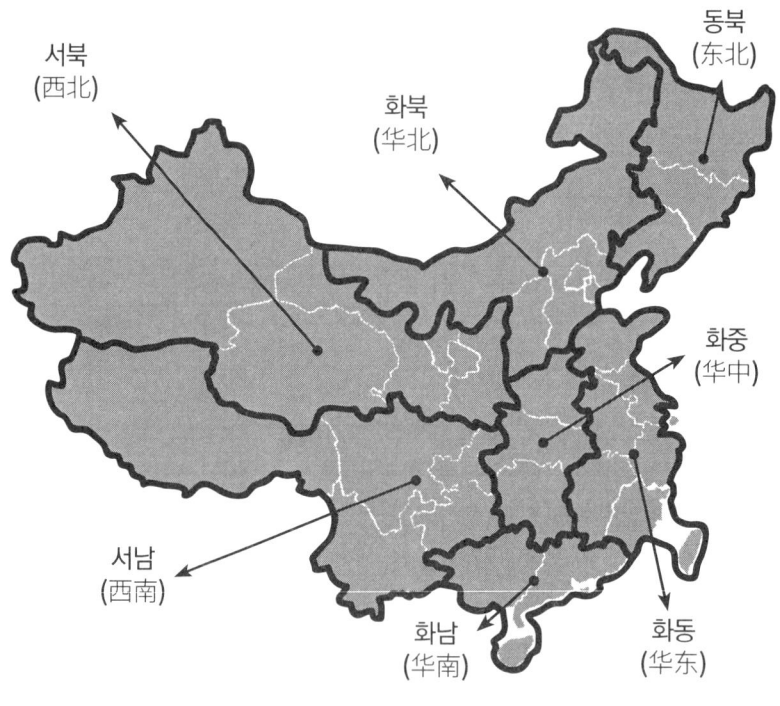

[지리적 위치에 따른 지역 구분]

(출처: 바이두)

4-3   도시 등급에 따른 지역 구분

중국 도시는 인구수 혹은 도시의 종합적 평가 등에 따라서 여러 가지 방법으로 분류할 수 있다.

4-3-1. 인구수에 따라서

초대형도시, 특대형도시, 대형도시, 중등형도시, 소형도시로 분류한다.

소형도시	중등형도시	대형도시	특대형도시	초대형도시
(小城市)	(中等城市)	(大城市)	(特大城市)	(超大城市)

[인구수에 따른 도시분류]

(출처: 바이두사진(百度图片))

〈도시별 인구기본상황〉

구분	인구수	비고
초대형도시 (超大城市)	1000만 이상	상하이·베이징·선전·충칭·광저우·청두·톈진 (7개 도시: 인구수 순)
특대형도시 (特大城市)	500-1000만	우한·둥관·시안·항저우·포산·난징·선양·칭다오·지난·창사·하얼빈·정저우·쿤밍·다롄 (14개 도시: 인구수 순)
대형도시 (大城市)	100-500만	100-300만: Ⅰ형대도시(Ⅰ型大城市) 300-500만: Ⅱ형대도시(Ⅱ型大城市)
중등형도시 (中等城市)	50-100만	
소형도시 (小城市)	50만 이하	20-50만: Ⅰ형소도시(Ⅰ型小城市) 20만 이하: Ⅱ형소도시(Ⅱ型小城市)

(출처: 중국 국가통계국에서 제공한
〈경제사회발전통계도표: 제7차 전국인구보편조사 초대, 특대 도시 인구기본상황.2020년〉)

중국 국가통계국이 발표한 자료에 따르면 2020년 11월 기준, 상하이시는 도시 인구수 2,487만 명으로 전국 1위로 꼽혔다. 이어서 베이징시는 2,189만 명으로 2위, 선전시는 1,749만 명으로 3위에 올랐다. 우한은 5만 명 차이로 초대형도시에 들어가지 못한 특대형도시이다.

4-3-2. 종합적 평가에 따라서

도시의 GDP, 인구, 환경, 생활수준, 경제력 등을 종합적으로 평가해 1-5선 도시로 등급을 정하는 것으로, 도시를 분류할 때 가장 많이 사용된다. 중국 비즈니스에서 마케팅 타깃을 정할 때 이 도시의 선급 기준을 많이 활용한다.

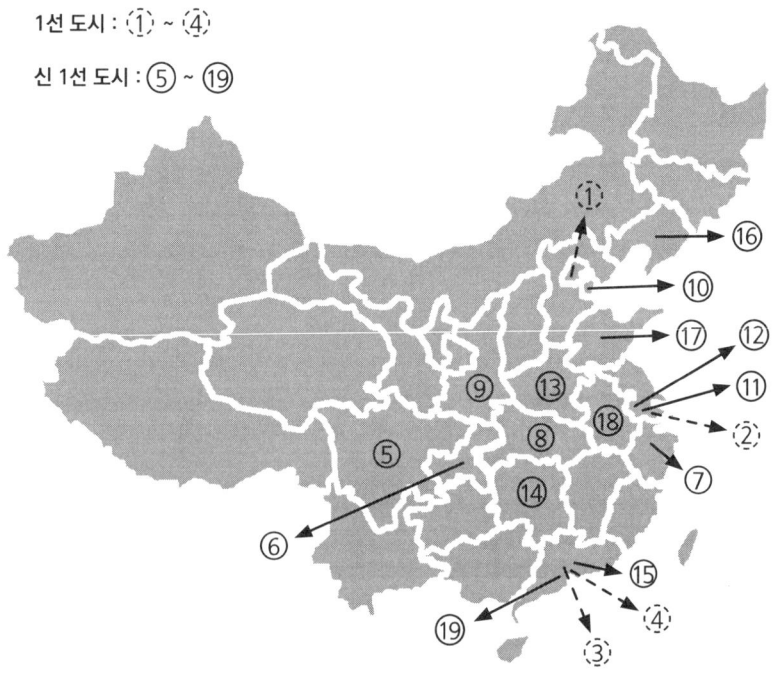

[중국 1선 도시 및 신 1선 도시 분포]

1선 도시

인구 1천만 명 이상으로 경제가 가장 발달되어 있고 소비와 생활수준이 가장 높은 대도시로 GDP 1조 위안 이상의 도시이다. '1선 도시'와 '신1선 도시'로 나눈다. 전통적인 1선 도시는 베이징, 상하이, 광저우, 선전의 네 곳으로 중국의 가장 중심도시라고 볼 수 있다. 보통 베이상광선(北上广深)이라고 불린다. '신1선 도시'는 청두, 충칭, 항저우, 우한, 시안 등의 15개 도시가 있다.

2선 도시

인구 500-1,000만 명의 지역으로 면적이 100㎢ 이상으로 GDP가 2,600억 위안 이상의 중간급 도시로 저장성 닝보, 윈남성 쿤밍 등이 있다.

3선 도시

인구 300-500만 명으로 소득수준이 비교적 안정된 중소 규모의 도시로 GDP가 1,300억 위안 이상의 광둥성 산터우시, 저장성 후저우시, 허베이성 바오딩시 등이 있다.

4선 도시

인구 100-300만 명 정도의 도시로 3급 이하의 기타 도시로 GDP가 1,300억 위안 이상의 광둥성 사오관시, 후난성 창더시, 안후이성 루안시 등이 있다.

5선 도시

인구 100만 이하의 도시로 4선 도시 이하의 기타 도시로 128곳이 있다.

중국의 경제 잡지인 「제일재경(第一财经)」에서 2020년 중국의 337개 도시를 대상으로 '도시상업매력순위(城市商业魅力排行榜)'를 조사, 발표한 자료에 따르면, 1선 도시는 4곳, 신1선 도시 15곳, 2선 도시 30곳, 3선 도시 70곳, 4선 도시 90곳, 5선 도시 128곳으로 선정되었다(매년 약간의 차이가 있는 것으로 보인다).

〈중국 도시 구분〉

구분	도시	인구수(만) 2020년	GDP (만 위안) 2020년	비고
1선 도시(4곳)	1. 베이징(北京)	2,189	3조 6,102	중국의 수도로 정치, 문화, 교육의 중심
	2. 상하이(上海)	2,487	3조 8,700	중국 경제의 중심
	3. 광저우(广州)	1,867	2조 5,019	중국 최고의 부자도시이자 무역도시
	4. 선전(深圳)	1,756	2조 7,670	텐센트가 있는 중국의 실리콘밸리도시
신1선 도시(15곳)	5. 청두(成都)	2,093	1조 7,716	쓰촨성의 성도로 경제, 문화중심도시
	6. 충칭(重庆)	3,205	2조 5,002	중부 최대도시로 중서부 지역경제 발전의 핵심지
	7. 항저우(杭州)	1,193	1조 6,106	알리바바가 있는 스마트시티

신1선 도시(15곳)	8. 우한(武汉)	1,232	1조 5,616	중부지역 중심으로 교통의 요지
	9. 시안(西安)	1,295	1조 20	고대 중국의 수도로 최고 문화도시. 실크로드의 출발점
	10. 톈진(天津)	1,386	1조 4,083	베이징의 위성도시로 최대 항구도시
	11. 쑤저우(苏州)	1,274	2조 170	중국 거상의 발원지
	12. 난징(南京)	931	1조 4,817	중국 근현대사의 발원지
	13. 정저우(郑州)	1,260	1조 2,003	허난성의 성도
	14. 창사(长沙)	1,004	1조 2,142	후난성의 성도
	15. 둥관(东莞)	1,046	9,650	광둥성에 위치하며 세계의 공장으로 불림
	16. 선양(沈阳)	907	6,571	동북지역의 중심지
	17. 칭다오(青岛)	1,007	1조 2,400	산둥성의 성도
	18. 허페이(合肥)	936	1조 45	안후이성의 성도로 반도체 생산중심지역
	19. 포산(佛山)	949	1조 816	광둥성에 있으며 중국 민영경제가 가장 발달한 지역
2선 도시(30곳)	저장성 닝보시, 윈난성 쿤밍시, 푸젠성 샤먼시와 푸저우시, 지린성 창춘시 등			
3선 도시(70곳)	광둥성 산터우시, 저장성 후저우시, 허베이성 바오딩시 등			
4선 도시(90곳)	광둥성 사오관시, 호남성 창더시, 안후이성 루안시 등			
5선 도시(128곳)	윈난성 푸얼시 등 128곳			

(출처: 중국 제일재경(第一财经)의 도시상업매력순위(城市商业魅力排行榜).2020)

윈난성의 성도인 쿤밍(昆明)과 저장성의 대표적 경제특구인 닝보(宁波)가 2선 도시로 밀려나고 안후이성의 허페이(合肥)와 광둥성의 포산(佛山)이 새롭게 신1선 도시로 진입을 했다.

또한 동북지역의 중심도시인 다롄도 2020년 자료에서는 1선 도시 명단에서 제외되었으며 광둥지역이 '1선 도시' 2곳(광저우, 선전), '신1선 도시' 2곳(둥관, 포산) 등이 포진하면서 중국 대륙의 경제 중심지역임을 알 수 있다.

4-4 경제 발전 정책에 따른 지역 구분

경제 발전 정책에 따른 분류는 방법에 따라 10대 경제권역, 8대 경제권역, 5대 경제권역, 3대 경제권역 등 여러 권역으로 구분을 하는데 가장 대표적인 3대 경제권역은 발해만 지역의 징진지 경제권, 장강삼각주 지역의 푸동경제권, 주강삼각주 지역의 웨강아오대만구 경제권이다. 그리고 충칭을 중심으로 새롭게 성장하는 서부대개발 경제권을 포함시켜 4대 경제권으로 구분한다. 우리에게 익숙한 헤이룽장성, 지린성, 랴오닝성의 동북 3성을 동북지역 경제권이라고 하고 5대 경제권에 포함시킨다.

중국의 3대 메가 경제권은 장강삼각주(长三角), 주강삼각주(珠三角), 발해만(渤海湾) 경제권 지역이라고 할 수 있다.

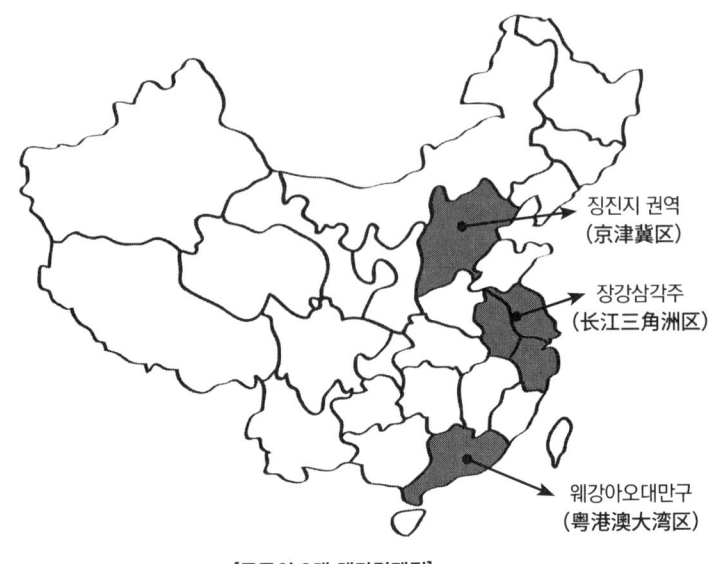

[중국의 3대 메가경제권]

(출처: 산업연구원 연구보고서 2020-03)

4-4-1. 주강삼각주 경제권(웨강아오대만구 경제권)

⟨웨강아오 대만구(粤港澳大湾区):
Guangdong-Hong Kong-Macao Greater Bay Area⟩

중문명	粤港澳大湾区	면적	5.6km²
영문명	Guangdong-Hong Kong-Macao Greater Bay Area	전체 GDP	10.867억 인민폐(2018)
지역	중국 화남지역	상주인구	6,956.93만 명(2017)
기후	아열대계절풍	1인당 GDP	156,203인민폐(2018)
사용언어	월방언(粤方言), 객가방언(客家方言), 민방언(闽方言)	지역범위	광동성 9개 도시, 홍콩, 마카오

중요대학	홍콩대학, 홍콩과기대학, 홍콩중문대학, 중산대학, 화남이공대학, 기남대학, 화남사범대학, 심천대학 등	국제공항	홍콩 공항 (香港国际机场) 광저우 바이윈공항 (广州白云国际机场) 선전 바오안공항 (深圳宝安国际机场)

(출처: 바이두 백과사전)

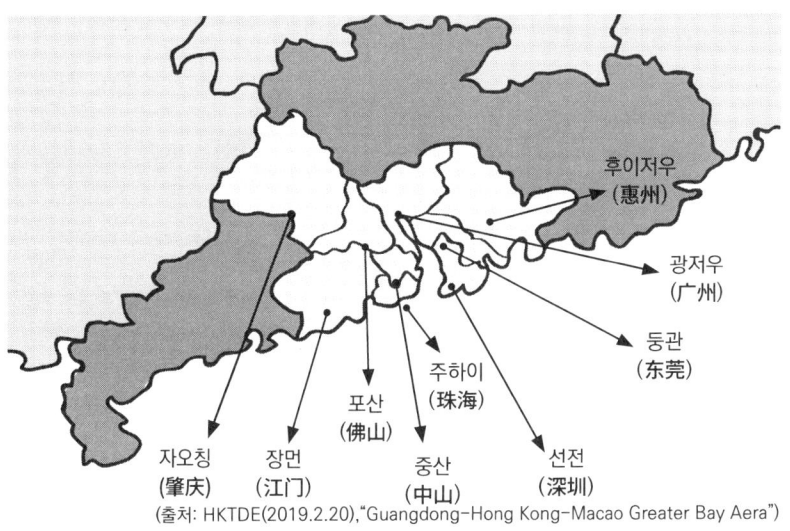

(출처: HKTDE(2019.2.20), "Guangdong-Hong Kong-Macao Greater Bay Aera")

주강삼각주 현황

광둥을 뜻하는 웨(粤), 홍콩을 뜻하는 강(港), 마카오를 뜻하는 아오(澳)를 합쳐 웨강아오(粤港澳)라고 부르며 이 지역을 중심으로 큰 만(大湾)을 형성하고 있어 웨강아오대만구로 불린다. 주강삼각주는 중국대륙의 가장 동남쪽에 위치하고 있으며 주강은 서강, 북강, 동강의 수계가 합류하는 지역으로 남중국해와 맞닿아 있으며 중국의 대표적인 해상무역로로 해상 실크로드의 출발점이다. 중국 개혁·개방 정책과 함께 성장한 경제 성장의 1번지라고 할 수 있다.

　광둥성의 9개 주요 도시(광저우, 선전, 둥관, 후이저우, 주하이, 포산, 중산, 장먼, 자오칭)와 홍콩 그리고 마카오를 연결하는 메가 경제권이라고 할 수 있다.

　상주 인구는 2018년 통계 기준 약 7천만 명, GDP 1조 5천억 달러의 메가 경제권역이라고 할 수 있으며 인구 밀도 면에서 중국 최고의 지역 중 하나로 중국 남부 경제와 금융의 중심지이다.

　홍콩은 물론 홍콩의 배후도시에서 일선 도시로 재탄생한 선전과 해상 진출기지인 광저우 및 인근 지역이 그 거점 역할을 수행하고 있으며 산업구조의 변화 측면에서 가장 역동적인 지역으로도 구분된다.

　우리가 익히 알고 있는 텐센트, 화웨이 등이 선전에 있으며, 한국의 LG 디스플레이도 광저우에 있다.

　산업구조
　- 1차 산업: 온화한 기후조건으로 농업생산이 발달하였고, 주로 논농사 위주의 쌀을 생산하며 최대 3모작도 가능하며 열대성 과일이 풍부하다. 바다와 인접하고 있어 수산업도 발달되어 있다.

- 2차 산업: 개혁·개방에 따른 성장주도의 산업화로 전환하여 제조업 및 첨단산업이 발달되었고 산업구조가 고도화되어 수출지향적인 산업이 발달되어 있다.

  후이저우, 둥관, 선전을 중심으로 통신장비, 컴퓨터, 휴대폰 등 IT 관련 산업과 전자설비 제조업이 발달되어 있고, 광저우를 중심으로는 교통, 운송장비, 제조업 등이 발달, 포산, 중산지역을 중심으로는 전기장비 제조업이 발달, 자오칭지역을 중심으로는 비철금속 제련 및 압연가공이 발달, 장먼지역은 금속제품 제조가 발달되어 각 지역별로 특색 있는 영역으로 발전을 가져오고 있다.

- 3차 산업: 공업을 바탕으로 금융, 무역 산업이 발달되어 있다. 홍콩, 마카오 등과 지리적으로 인접한 장점을 이용하여 가공무역과 중계무역 등이 발달하였다. 대표적인 금융산업으로 중국 양대 증권거래소 상하이 증권거래소, 선전 증권거래소 중 선전증권거래소가 위치하고 있으며 이 선전증권거래소에서는 주거래시장(중소기업판 시장과 합병: 우리나라 코스피)과 창업판시장(우리나라 코스닥)으로 나누어져 있다. 또한 톈진, 상하이와 함께 중국 3대 금융센터가 위치하고 있다.

4-4-2. 장강삼각주 경제권

〈푸동경제권: Yangtze River Delta〉

중문명	长江三角洲地区	면적	358,000㎢
영문명	Yangtze River Delta	전체 GDP	237,200억 인민폐(2019)
지역	화동지역 장강 중하류	상주인구(만 명)	1억 6,685만 명(2020)
기후	아열대 계절풍	1인당 GDP	2.27억 인민폐(2019)
사용언어	중원관화(中原官话), 교료관화(胶辽官话), 강회관화(江淮官话), 오화(吴语), 감어(赣语), 민어(闽语), 객가어(客语等)	지역범위	상하이, 장쑤성, 저장성, 안후이성(3성 1시)
중요대학	복단대학, 상해교통대학, 절강대학, 난징대학, 중국과학기술대학 등	국제공항	상하이 푸동공항(上海浦东国际机场) 난징 루커우공항(南京禄口国际机场) 항저우 샤오산공항(杭州萧山国际机场) 허페이 신차오공항(合肥新桥国际机场)

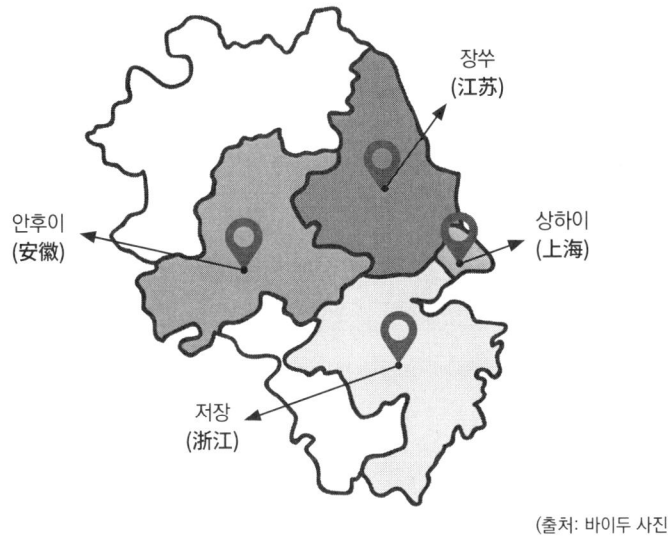

(출처: 바이두 사진)

장강삼각주 현황

장강삼각주 지역은 3개의 성(안후이성, 저장성, 장쑤성)과 1개의 시(상해)를 잇는 경제권역으로 중국의 장강삼각주 지역에 위치하고 있다. 장강삼각주는 징진지, 웨강아오대만구와 함께 중국의 3대 초광역권 중 하나지만 실질적으로는 중국 경제의 심장이라 할 수 있다. 인구 규모와 경제 규모, 산업 분포 등을 고려하면 실질적으로 그 규모가 가장 크고 수준이 높은 지역이다. 공간 범위로 보면, 상하이시, 장쑤성의 9개 도시, 저장성의 8개 도시, 안후이성의 8개 도시로 구성되어 있다.

이 지역은 강, 호수, 바다 등이 서로 통하는 교통의 요지로서 수자원이 풍부하고 내륙의 중심도시인 충칭, 우한과 연계되어 태평양으로 나가는 관문 역할을 하는 중요한 지역이다. 농업과 공업, 상업, 무역, 금융이 발전되어 있어 중국의 경제수도라고 할 수 있다. 또한 여러 우수 대학들이 포진하고 있어 현대 과학기술과 우수한 인적자원이 풍부하다는 장점도 가지고 있다. 중국 빅테크 산업의 선두마차인 알리바바도 이곳 장강삼각주 지역의 항저우에 있다.

장강삼각주는 지역별로 다양하고 고도화된 산업의 집적지로서, 상하이는 철강, 항공우주, 자동차 및 첨단장비 제조, 서비스업과 금융, 장쑤성은 자동차를 비롯한 장비 제조 및 전통제조업과 의류 방직 등 제조업, 저장성은 ICT를 비롯한 전자정보통신 관련 산업, 그리고 안후이성은 전통제조업과 농림업이 발달하였다.

산업구조
- 1차 산업: 온화한 기후조건으로 농업 발달에 유리한 지역적 환경적 조건을 가지고 있다. 장강의 중하류 지역으로 수자원이 풍부해 중국 농업생산의 전진기지 역할을 하고 있다. 또한 장강이 황해로 빠져나가는 길목에 위치하여 수산업 역시 발달하였다.
- 2차 산업: 석유화학, 제철, 전력, 자동차 등 중국 최대의 종합적 공업기지라고 할 수 있다. 제조업 중 자동차, 통신장비 등 대형 기계설비산업과 석유화공, 정밀화학, 철강, 가전, 전자 등 제조업 관련 핵심산업의 비중이 전체 산업의 50%를 차지하고 있을 정도로 중국의 공업수도라고 할 수 있다. 세계적인 다국적 기업들이 많이 포진하고 있다.

- 3차 산업: 중국 금융, 물류의 중심지라고 할 수 있다. 중국의 양대 거래소의 하나인 상하이 증권거래소는 선전 증권거래소의 2배에 달하는 규모를 가지고 있다.

4-4-3. 발해만 경제권

<징진지 경제권(京津冀):
Beijing-Tianjin-Hebei Urban Agglomeration>

중문명	京津冀	면적	218,000㎢
영문명	Beijing-Tianjin-Hebei Urban Agglomeration	GDP	84,580억 인민폐(2019)
지역	화북지역	상주인구	1.127亿(2018年)
기후	온열대 대륙성 계절풍	개인 GDP	2.27억 인민폐(2019)
사용언어	북경관화(北京官话) 기로관화(冀鲁官话) 동북관화(东北官话) 진어(晋语等)	지역범위	베이징, 텐진, 허베이의 11개 도시를 포함 13개 도시
중요대학	칭화대학, 베이징대학 등 40여 개 대학	국제공항	베이징 서우두공항 (北京首都国际机场) 베이징 다싱공항 (北京大兴国际机) 텐진 빈하이공항 (天津滨海国际机场) 스자좡 정딩공항 (石家庄正定国际机场)

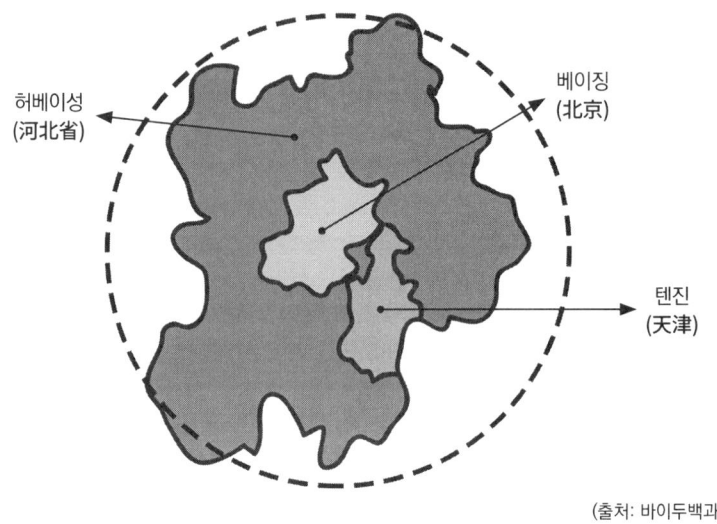

(출처: 바이두백과)

징진지 현황(발해만 경제권)

  징진지(京津冀)는 중국의 수도권 지역을 포함하고 있는 경제권역을 지칭하는데 중국 동부 연안의 북부 지역인 발해만에 위치한 경제권 핵심 지역으로 발해만 경제권이라고도 부른다.

  '징진지'라는 말은 베이징과 톈진, 허베이성을 각각 상징하는 글자를 조합한 말이다. '징(京)'은 베이징, '진'은 톈진(津), '지(冀)'는 허베이성 지역의 옛 이름 '지저우(冀州)'에 연원을 두고 있다. 징진지 세 지역을 합치면 면적이 21만 8,000㎢로 남북한을 합친 한반도 면적(21만 9,000㎢)과 비슷하며, 인구는 1억 1,000만 명이 넘는 메가톤급 경제권역이라고 할 수 있다. 이 지역은 한국과 위치적으로 가장 가까이 있을 뿐만 아니라 경제적으로도 밀접한 관계에 놓여 있다. 중국의 수도권인 징진지(京津冀, 베이징·톈진·허베이) 지역은 2015년부터 중국 중앙정부 주도로 세 지역 간 균형발전과 베이징의 수도 기능을 최적화하기 위한 징진지 협동발전 전략을 추진하고 있다. 특히 새롭게 부상하고 있는 '슝안신구' 지역을 눈여겨볼 필요가 있다.

슝안신구는 중국공산당 중앙위원회와 국무원이 2017년 4월 1일 공식비준으로 설립된 국가급 신구로서 슝안신구는 수도 베이징에서 남서쪽으로 160㎞에 위치하며 규획 범위에는 허베이성 슝셴(雄县), 룽청(容城), 안신(安新) 3개 현 및 주변 부분지역이 포함되며 베이징, 톈진, 바오딩(保定) 등 세 지역의 중심에 위치하고 있다. 상하이 푸동신구(上海浦东新区) 지정 후 25년 만에 새롭게 지정되는 국가급 특구로 녹색 친환경, 생태 혁신적 스마트시티를 지향하며 향후 20년 동안 인프라 투자에만 최대 4조 위안이 투입되는 메가톤급 국가 프로젝트이다.

산업구조
- 1차 산업: 1차 산업은 화북평원의 밭농사가 주로 이루어진다. 주요 재배작물은 밀, 옥수수, 수수 등이다. 칭하이성에서 발원한 황하가 발해만으로 빠져나가는 통로에 위치하고 있어 수산업 역시 발달하였다.
- 2차 산업: 석유화학공업, 전자통신설비, 자동차, 장비제조, 생물의약, 광전자 산업, 조선 등 제조업 국가의 근간산업이 많으며 국유기업의 중심의 산업군이다.
    베이징의 중관춘은 중국의 실리콘밸리라고 할 수 있는 IT 산업 첨단 지역이다. 중관춘에 중국을 대표하는 바이두, 레노보, 소후 같은 중국 IT 산업을 대표하는 기업들과 IBM, AMD, 마이크로소프트 등 다국적 IT 기업들도 여기에 포진하고 있다. 또한 칭화대학, 베이징 대학 등 40여 개의 대학이 소재하여 창업관련 인재풀이 넓으며 국가 단위의 연구소 및 연구센터 등 인프라가 풍부하다.
- 3차 산업: 중국 3대 금융센터의 하나가 톈진에 위치하고 있다. 최근 현대화된 국제항구 대도시인 톈진은 허베이 지역경제 중심도시로 부상 중이며, 화베이(华北)지역 소비시장을 겨냥한 유통업 진출 적격지이다.

베이징은 3차 산업 구조를 최적화하고 과학기술 혁신 중심의 역할을 수행해 고급화, 서비스화, 집적화, 저탄소화를 추진하고 동시에 서비스경제, 지식경제, 녹색경제를 대대적으로 발전시키고 있다.

톈진은 고급장비, 전자정보 등 선진 제조업을 특화시키고 항공우주, 바이오의약, 에너지 절약과 환경보호 등 전략적 신흥산업과 금융, 해상운송과 물류, 서비스 아웃소싱 등 현대 서비스업이 발전해 있다.

허베이는 수도의 산업기능 이전과 베이징에 집중된 과밀인구의 합리적 인구 분포 유도 등의 목적을 가지고 있다. 베이징과 톈진의 과학기술 성과를 수용하고 전통적인 우위기업을 개선하고 전략적으로 신흥산업을 대대적으로 육성 발전시키며 신형공업화 기지와 산업전환 업그레이드 시험지구 건설을 통한 발전이 주를 이루고 있다.

⟨장강삼각주, 주강삼각주, 징진지 지역경제 현황 비교⟩

구분	장강삼각주	웨강아오대만구	징진지
상주인구(백만 명)	227.14	115.21	113.08
지역 내 총생산(십억 위안)	23,725	10,767	8,457
일인당 지역 내 총생산(위안)	104,451	94,172	74,788

(출처: 경제·인문사회연구회 협동연구총서 20-92-01. 산업연구원 연구보고서. 2020-03)

Chapter 5.

중국 비즈니스 협상을 위한 문화 코드 이해

5-1. 꽌시 문화

5-2. 해음 문화

5-3. 미엔쯔 문화

5-4. 홍색 문화

5-5. 구오차오 문화

5-6. 지역별 문화

5-7. 연령별 문화

5-8. 만만디 문화

5-9. 전통사상 문화

5-10. 꺼림 문화

5-11. 개인주의 문화

5-1 꽌시 문화

중국을 조금이라도 이해하는 사람이라면 중국의 꽌시 문화(关系文化)에 대해 들어 봤을 것이다. 꽌시란 중국어로는 '관계(关系)'로 '인제관계(人际关系)'의 줄임말이며 대인관계, 인맥, 인적 네트워크 등으로 해석을 할 수 있다.

꽌시의 기원에 대하여 중국 내에서도 학자마다 의견이 분분한데 대략 3가지로 정리할 수 있다. 첫 번째, 중국의 전통문화 속에서 자연스럽게 생성되어 발전하였다. 두 번째, 1949년 중화인민공화국 성립과 동시에 공산주의식 분배체제하에서 생성되어 발전하였다. 세 번째, 경제 개혁·개방의 산물이라는 견해들이 있다. 하지만 이 꽌시 문화는 한 시대의 부산물이 아니라 중국의 전통문화 속에서 그 뿌리를 내려 시대의 변화에 따라 발전을 해 오면서 그 의미를 조금씩 달리한다고 보는 견해가 지배적이다.

중국의 꽌시 문화는 전통적 유교 문화와 공동체 문화 속에서 자리 잡아 발전하기 시작했다. 사람은 태어나면서부터 가족이라는 관계에서 시작하여 사회라는 관계로 확장해 나간다. 사람은 사회적 꽌시 위에 존재하고 이러한 꽌시는 윤리적, 도덕적으로 중요하다.

그런데 안타깝게도 우리 한국 사람들은 이 꽌시를 '백'이나 '뒷거래'

등 아주 부정적 의미로 많이 인식하고 있다. 물론 부정적인 측면도 없지는 않지만 긍정적인 역할이 더 크게 작용하고 있다. 특히 중국과의 비즈니스에서는 이 꽌시가 정말 중요하게 작용한다.

중국 사회에서 꽌시는 일종의 신뢰검증 보완수단이다. 공식적인 법제도가 신뢰검증과 관련된 현실을 모두 반영할 수 없는 한계를 극복하기 위해 활용하는 수단으로 볼 수 있다.

중국에는 '꽌시를 통해 이득을 본다(拉关係, 占便宜)'라는 말이 있을 정도로 꽌시를 아주 중요하게 생각한다. '한 명의 펑요를 더 사귀면 하나의 길이 더 열린다(多一个朋友, 多一条路)'라는 말도 역시 꽌시의 위력을 잘 표현해 주고 있다.

중국인은 인간관계 중에서 '펑요'의 관계를 매우 중시하는데 바로 꽌시의 궁극적 목적이라고 할 수 있기 때문이다.

5-1-1. 꽌시 구성의 4단계

1단계: 중국에서 일반적으로 '신펑요(新朋友)'라고 부르는 단계로, 사람을 새로 사귀는 출발 단계라고 볼 수 있다. 사귐을 시작하는 단계로 첫인상이 매우 중요하며 비록 형식적이긴 하지만 상호 관심을 가지게 되는 단계로 첫 단추를 잘 끼워야 한다.

2단계: 중국어로는 '하오펑요(好朋友)', 즉 '좋은 펑요'란 뜻으로 신펑요에서 조금 발전되어 상호 우호적인 사이에 놓이게 되는 단계로 비즈니스와 커뮤니케이션 시작이 가능한 단계이다. 이 시점부터는 다음 단계인 라오펑요가 되기 위한 관리가 필요하다.

3단계: '라오펑요(老朋友)'는 '오래된 펑요'라는 뜻으로 해석을 할 수 있는데 생사고락을 같이 한 전우애 이상의 믿을 수 있는 관계를 의미한다. 시간과 비용을 할애해서라도 진심 어린 충고 및 도울 수 있는 방법을 찾아주는 단계로 비즈니스에 꼭 필요한 단계라고 볼 수 있다.

4단계: 중국에서는 보통 '거멀(哥们儿)' 혹은 '슝띠(兄弟)'라고들 하는데 형제간, 가족 간의 관계라는 뜻으로 인간관계의 최종적인 단계라고 할 수 있다. 이 단계가 되면 맹목적인 신뢰를 바탕으로 무슨 일이든지 다 해결이 가능한 단계이자 자기 일처럼 모든 일을 도와서 처리해 주는 무조건적 신뢰, 궁극의 신뢰 단계이다.

5-1-2. 꽌시 구성의 방법

꽌시는 사람의 마음을 얻는 것이다. 가장 중요한 것은 물질로 사람의 마음을 얻는 것도 중요하지만 내가 상대방에게 의미와 가치가 있어야 하고 또한 그에게 필요한 사람이 되는 것으로 인간적 신뢰가 가장 바탕이 되어야 한다. 우리에게도 '정(情)' 문화가 있듯이 꽌시를 쌓아 나가기 위해서는 인간적인 정(情)과 신뢰를 바탕으로 접근해야 한다. 꽌시는 하루아침에 만들어지지 않는다. 가장 기본은 내가 먼저 베풀어야 함을 잊지 말아야 하는 것이며 시간과 열정을 가지고 중국 사람과의 좋은 꽌시를 만들어 가야 한다. 사실 한국에 기반을 둔 사람이라면 현지의 중국 사람과 꽌시를 형성하는 것이 쉬운 일은 아니다. 특히 코로나로 인해 왕래가 힘든 시점에 비대면을 통한 꽌시 구축에는 사실 한계가 있다. 그렇지만 장기적 관점에서 확실한 사업꽌시를 만들기 위해 시간과 돈의 투자를 아끼지 말고 항상 노력하여야 한다.

만약 중국 사업에서 급하게 비즈니스 파트너를 찾아야 하는 경우에는 비록 일시적이기는 하지만 현지 지역의 변호사나 세무회계사 혹은 전문 컨설턴트와의 꽌시를 만들어 도움을 받는 것도 좋은 방법 중 하나이다.

만약 이미 중국에 진출해 있는 기업이나 개인이라면 꽌시를 구축하기가 그리 어렵지는 않다. 중국인과 가장 좋고 쉬운 꽌시 구축 방법은 티타임이나 식사 자리다. 중국 사람들은 외국인이나 외국 기업들에 대해 좀 더 신뢰도를 가지고 있고 선호하는 경향이 있기 때문에 자연스럽게 티타임이나 식사 자리를 유도해서 꽌시를 쌓아 갈 수 있다. 우리말에 '같이 식사를 하면 식구'라는 말이 있듯이 같이 식사를 함으로써 식구의 관계를 만들어 갈 수 있다. 다음으로 선물, 술과 차 등을 통한 지속적 교류관계를 유지해 나가야 한다.

또한 스포츠나 취미 등 공통의 관심사 등을 찾아 적극적으로 교류하며 좋은 꽌시를 만들어 가야 한다. 중국의 차문화와 술문화를 잘 이해해 찻자리나 술자리를 통해 자연스럽게 개인적인 친분을 쌓아 가는 것도 중요한 일 중의 하나이다.

5-2 해음 문화

'해음(谐音)'이란 원래의 글자 대신 음이 같거나 비슷한 글자를 이용하여 새로운 의미를 만드는 언어적 유희를 말한다. 중국에서 이렇게 비슷한 발음을 이용한 '해음 문화(谐音文化)'가 발달한 이유 중 하나는 중국어는 뜻을 표기하는 표의문자의 특성상 발음이 같거나 유사한 단어인 동음자(同音字)나 유사어(类似语)가 굉장히 많기 때문이다.

중국은 전통사회로부터 이 해음 현상을 이용하여, 일상생활에서 복을 기원하거나 개인적 바람을 나타내기도 하고 재앙 등 좋지 않은 것을 방지하는 등 해학과 풍자를 이어 오고 있다.

중국의 해음 문화를 잘 이해하지 못하면 중국 비즈니스에서 여러 가지 오해를 불러일으킬 수 있기 때문에 이 해음 문화를 잘 이해하는 것이 중요하다.

해음 문화에는 숫자, 지명, 인명, 명절, 동식물 등과 관련된 것들이 많다.

중국에서는 설날(춘절)이 다가오면 복(福) 자를 대문에 걸어 두는데 보통 거꾸로 걸어 두는 풍습이 있다. 도착하다의 '到'와 뒤집다, 거꾸로의 '倒'는 발음이 같아 '복' 자를 거꾸로 붙여 놓으면 '복이 도착한다'로 해석되어 1년 내내 복이 들어온다는 의미가 되는 해음 문화의 대표적이라고 볼 수 있다.

생선은 중국어로 '위(渔, yú)'라고 발음하는데, '풍요롭다, 여유가 있다, 넉넉하다'라는 뜻인 '위(余, yú)'와 발음이 같아서 새해에 생선 장식을 붙이거나 먹으면 1년 내내 여유롭다고 생각한다.

또 중국에서는 흔히 차량 뒤에 도마뱀을 많이 붙인 것을 볼 수 있는데 이것도 해음 문화라고 볼 수 있다. 도마뱀은 중국어로 '삐후(壁虎)'라고 하는데 '비호하다, 감싸주다, 덮어 가리다'의 '삐후(庇护)'와 성조는 달라도 발음이 같기 때문에 안전을 기리는 뜻으로 차량에 많이 붙이고 다닌다.

해음 문화 중 특히 숫자와 관련된 것이 많다. 우리는 일상생활에서 많은 숫자를 접하게 된다. 숫자는 언어와 풍속, 습관 등의 영향을 받아 문화적 의의와 색채를 갖는다. 특히 중국 사람들은 숫자에 길상적인 의미와 불길한 의미를 부여하여 즐겨 사용한다. 그래서 될 수 있으면 불길한 숫자는 회피하는 경향이 강하다.

숫자 '4'는 우리나라와 마찬가지로 '死(죽음)'의 의미를 가지고 있기 때문에 기피하는 경향이 있다. 반면에 숫자 '8'은 재물을 가져오는 '发财'의 '发[fa]'와 발음이 비슷해서 중국 사람들이 좋아하는 숫자이다.

'육육대순(六六大順)'은 중국의 성어로 '모든 일이 순리대로 잘 처리되다'의 뜻을 가지고 있어 '6'도 좋아하는 숫자이다. 요즘 젊은이들 사이에서 유행하는 인터넷 신조어인 '666'은 '어떤 사람이나 사물이 굉장히 뛰어나거나 탄복할 만하다'의 뜻으로 사용되는데 순조롭다의 '리우[溜]', 대단하다의 '니우[牛]'와 숫자 '리우[六]'의 발음이 비슷해 나타난 해음 현상이다. 또한 6은 완전수로서 초인적 힘을 발휘할 때도 '666'이라고 한다. 중국에서 가장 많이 사용하는 SNS인 위챗 이모티콘에서도 발견할 수 있을 정도로 상용화되어 있다.

이러한 이유로 베이징올림픽도 2018년 8월 8일 저녁 8시에 개막식을 했으며, 중국 전자상거래플랫폼 징동(京东)의 할인 대축제도 6월 18일인 것을 보면 중국 사람들이 6과 8을 특히 선호함을 알 수 있다.

숫자 '3'은 발음이 '흩어질 산(散)'과 같기 때문에 일반적으로 좋지 않은 수로 여기지만 광둥지역에서는 돈이 생기는 것을 의미하는 '생(生)'이나 승진한다는 '승(昇)'이 광둥지역 방언과 발음이 유사해 좋은 뜻으로 사용되기도 한다.

숫자 9는 큰 수 또는 완성을 의미하며, '영원하다', '오래되다'의 뜻을 나타내는 '구(久)'와 발음이 같아 '변치 않는다', '실패 없는 성장' 등의 좋은 뜻으로 사용되고 있다.
중국 사람들은 일상생활에서도 좋아하는 숫자와 기피하는 숫자가 있는 만큼 중국 비즈니스 협상에서도 주의를 해서 사용해야 한다.

또한 중국 사람들은 선물을 할 때 우산과 시계는 잘 하지 않는다. 우산의 산은 '해산하다, 흩어지다'의 뜻을 가지고 있고 '散'과 발음이 같아 헤어짐을 의미한다고 해서 우산이나 양산을 선물하지 않는다. 시계는 중국어로 '钟表'라고 하는데 시계의 '종(钟)'이 '끝내다, 종말'의 뜻을 나타내는 '종(终)'과 발음이 같기 때문에 '관계를 끝낸다'는 의미를 포함하고 있어 선물로는 적당치 않다고 생각한다.

이렇듯 중국 비즈니스에 있어서 해음 문화는 중요한 위치를 차지한다. 해음 문화를 잘 이해하지 못하면 '저 상황에서 왜 저런 말을 하지?'라고 생각하여 오해를 불러올 수 있다. 또한 다들 웃을 때 나만 웃지 못하는 상황이 연출되기도 한다.

특히 기업명, 브랜드명, 상품명 등을 정할 때 그 뜻이 중국 사람들에게 잘 전달될 수 있어야 하고, 좋은 의미를 가질 수 있도록 네이밍을 해야 한다. 부정적 해음 문화의 함정에 빠지지 않도록 세심한 주의가 필요하다.

5-3 미엔쯔 문화

'미엔쯔(面子)'는 우리나라의 체면이라는 개념과 유사한데 우리의 체면보다 더 이상의 의미를 함축하고 있다. 중국에서 미엔쯔(面子)는 체면이라는 의미 외에도 '자존심', '자긍심', '명예' 등의 다양한 의미를 내포하고 있다. 그래서 이 미엔쯔는 중국인들에게 있어서 꽌시와 함께 독특한 문화 현상으로 존재한다. 중국어에서 '뚜이부치(对不起)'는 미안하다의 뜻을 가지고 있는데 '면목이 없어 얼굴을 들 수 없다'의 뜻으로 미엔쯔와 밀접한 관계가 있다.

미엔쯔 문화(面子文化)는 전통적 유교 문화 속에서 형성된 오래된 문화 개념으로 미엔쯔를 세우지 못하면 '수치스럽다, 부끄럽다'의 개념으로 강조되는 문화이기 때문에 일상생활에서도 체면 유지를 위한 요소들이 고스란히 나타난다.

미엔쯔를 검색해 보면, 미엔쯔를 중시하다[爱面子], 미엔쯔를 세워주다[给面子], 미엔쯔를 차리다[做面子], 제삼자의 얼굴을 봐서 부탁을 들어주다[卖面子], 미엔쯔가 서다[有面子], 미엔쯔가 깎이다[没面子], 미엔쯔를 세우려고 노력하다[争面子] 등 관련된 말들이 나오는데 이처럼 미엔쯔는 중국인의 생활 습관 속에서 중요한 역할을 한다.

중국 사람의 일상생활에서도 많은 '미엔쯔 법칙'이 존재한다. 한 사람이 다른 한 사람에게서 책을 빌려 달라고 하였는데 책을 다 보지 않았다고 하면서 빌려주지 않았다. 그러면 책을 빌리려던 사람이 자기의 체면이 깎인다고 매우 좋아하지 않는다. 그러면서 그 사람은 친구가 아니라고 한다. 책을 빌려주지 않고 거절한 것은 자기가 그 사람에게 인정이 부족하기 때문이라고 생각한다. 다시 말하면 관계가 밀접하지 못하다는 것이다. 이 때문에 일상생활에서 '사람'과 '일'이 일체화되는 현상이 나타난다.

  중국 사람들의 문화에는 '개를 때려도 주인을 보라'는 고사가 있는데 곳곳에서 서로의 체면을 보아야 한다는 것이다. 중국 사람들이 보건대 사람마다 체면이 있으며 그 체면에는 크고 작은 구별이 있다.

  체면은 한 사람의 사회 지위와 명망과 관계가 있으며 명망이 높을수록 권력이 크며, 따라서 사람들이 체면을 더 봐준다. '안면이 넓지 못하다'는 것은 자기의 영향이 넓지 못하다는 것을 말하며 상대방으로부터 인정을 얻지 못하였다는 것을 말한다.
  다른 사람의 부탁을 거절하는 것은 다른 사람의 체면을 보지 않은 것이며 개인의 존엄을 엄중히 손상시킨 것으로 생각한다.

  이렇듯 미엔쯔 문화를 한마디로 정의하기는 쉽지 않지만 누군가에게 인정을 받고 누군가를 인정하는 '사람 노릇'에 있어 매우 중요한 개념이다. 자기가 마음이 있다는 것을 표현하는 방법으로 상대방의 체면을 세워 주기도 하고, 남의 체면을 깎아 버리면 마음이 없다는 것을 뜻한다. 그래서 이 미엔쯔는 중국인의 심리 속에 내재되어 있는 중요한 개념으로 중국 사람을 이해하는 데 필수적인 요소이다.

　중국의 유명한 문학 평론가인 린위탕(林語堂, 1895-1976)은 중국인은 체면을 중시하기 때문에 "남자는 체면을 세우기 위해 노력하고 여자는 체면을 위해 죽는다(男人为它奋斗 许多女人为它而死)"고 했다. 이렇듯 중국인들은 전통적으로 체면을 생명보다 중요하게 여기기 때문에 남을 속인 사실이 밝혀지면 죽기보다 더 견디기 어렵다고 생각한다. 그래서 상대방에 대한 배려라든지 예의를 굉장히 중요하게 생각하는 경향이 있다.

　중국 출장이 잦은 사람은 꼭 한 번은 경험해 봤을 법한 일인데, 중국 사람들은 손님을 초대해 식사 자리를 할 때 과분할 정도로 많은 요리를 주문한다. 음식이 남아야 손님을 제대로 접대했다고 생각하는 중국 사람들의 미엔쯔 문화의 대표적인 것이다. 또 선물을 할 때도 포장에 굉장히 신경을 많이 쓴다. 포장이 고급스러워야 미엔쯔가 선다고 생각하여 어떤 경우는 내용물보다 포장에 더 치중을 하기도 한다.

　특히 호칭을 부를 때, 중국에는 '부(副)' 자가 들어가는 직함이 매우 많음을 알 수 있다. 우리 입장에서는 2인자처럼 느껴질 수 있지만, 중국에서 비즈니스를 하다 보면 실무적인 실질적 총책임자가 많다. 이럴 경우 대부분 '부(副)' 자를 빼고 그냥 부원장인 경우 원장 등으로 상대방을 배려하여 부른다.

　또한 중국인들은 모르는 것을 모른다고 잘 대답하지 않고 상대방의 말에 부정적인 표현도 잘 하지 않는 경향이 있다. 상대방의 체면을 손상시킨다고 생각하기 때문이다. 미엔쯔는 스스로 자신을 평가하는 것이 아니라 상대방이 나를 판단하는 일종의 형식주의라고도 할 수 있다.

중국은 사회주의 특성상 엄청나게 많은 회의가 있다. 중국에서는 "회의가 너무 많아서 회의를 좀 줄이는 회의를 해야 한다"라는 식의 말이 있을 정도로 회의가 많다. 이 회의를 통해서 상명하달식의 문화를 만들어 내고 있다. 그래서 회의에서 간부나 대표들은 말을 잘해야 하며, 회의에서 말을 잘하지 못하면 무능하다고 생각한다. 그래서 원고 없이 두세 시간 강연한 것은 자랑으로 여기곤 한다. 이것 역시도 미엔쯔의 일종이다. 실제로 중국 사람들은 비즈니스 상담 시에 말을 굉장히 잘한다. 심지어는 어떤 주제가 주어지면 지루할 정도로 말이 많은 경우가 있다. 이런 상황을 잘 판단해서 끼어들 때와 빠져나올 때, 말을 끊을 타이밍을 잘 찾아야 한다. 말하는 상대방이 미엔쯔를 잃지 않도록 적절함을 잘 배려해야 한다.

음식을 풍성하게 대접받고, 중국인들이 비즈니스에서 긍정적으로 이야기를 하더라도 협상이 잘 이루어질 것으로 착각을 하면 안 된다. 남의 체면을 중시하는 미엔쯔 문화의 함정에 빠지면 안 된다. 한국 사람들이 중국 사람들은 약속을 잘 지키지 않는다고 여기는 하나의 이유이기도 하다.

중국인의 미엔쯔 안에는 자존심과 더불어 허세도 존재한다. 중국과 비즈니스 협상 시에도 항상 상대방을 배려하고 존중하여 예의 있게 임해야 하지만 그 내면의 뜻을 잘 파악하여야 한다.

5-4 홍색 문화

중국의 '홍색 문화(红色文化)'는 크게 두 가지로 이해를 할 수 있다. 첫 번째는 오랜 전통의 하나로서 홍색을 선호하는 문화를 가지고 있으며, 두 번째는 1921년 중국공산당이 창당되면서 '홍군(红军)'이라는 이름으로 항일전쟁, 국민당과의 내전, 혁명, 개혁 등의 과정을 거치면서 중국식 사회주의를 대변하는 특수한 문화라고 할 수 있다. 공산당은 1949년 사회주의 혁명을 통하여 중화인민공화국을 탄생시키면서 등장한 중국식 사회주의의 핵심가치이자 기구라고 볼 수 있다.

전통적으로 '홍색정서(紅色情緒)'라 불릴 만큼 중국의 생활양식 속에서 홍색(紅色)이 차지하는 비중은 지대하다. 홍색은 중국을 대표하며, 중국인이 가장 사랑하는 색깔로 '중국홍(中国红)'이라고도 불린다.

홍색은 액을 막아 주고 행운을 가져다주는 의미로 사용된다. 그래서 중국의 설날인 춘절이 되면 대문에 붉은 종이를 붙이고 붉은 등을 달며, 성인들은 붉은색 속옷을 입고 일 년 동안 무사태평과 행운을 기원한다.

또한 중국에서 '홍(红)' 자는 '잘나가다', '핫하다' 등의 뜻으로도 사용되고 있다. 소셜 네트워크상의 인기 인플루언서를 '왕홍(网红)', 사업의 성공을 바랄 때는 '시작부터 큰 성과를 거두다', '좋은 출발을 하다'의 뜻을 가진 '개문홍(开门红)', 대중적으로 인기가 있는 사람을 '홍인(红人)'이라고 하는 것도 '홍(红)'이 여러 가지 길상의 의미를 가지고 있기 때문이다.

또한 공산주의 이념에 바탕은 둔 홍색 문화는 공산주의 사상의 순수성과 혁명의 상징을 대변하고 있으며 다양한 형태로 나타나고 있다. '중국몽', '중화민족의 위대한 부흥'이라는 민족주의와 맞물려 공산당을 대변하는 색으로 인식되고 있으며, 홍군가요, 혁명 유전지 방문, 홍색 소설 및 영화 등 홍군 교육을 통해 애국주의를 함양시키는 역할을 하고 있다.

중국의 국기인 오성홍기의 붉은 바탕색은 혁명을 상징한다. 특히 공산당 창립 100주년을 맞은 2021년 7월 1일에 맞춰 홍색 광고물, 선전물, 공연물 등이 넘쳐 나는 것만 봐도 사회주의식 홍색 문화를 이해할 수 있다.

5-5 구오차오 문화

  중국은 개혁·개방을 시작으로 급속한 경제성장을 이루면서 세계 G2 국가로 우뚝 서게 되었다. 그러면서 자연스럽게 전통문화를 부흥시키려는 '구오차오 문화(国潮文化: 애국주의 문화)'가 발생하게 된다. '조(潮[cháo])'는 원래 사전상의 의미로는 '조류, 조수'의 뜻을 가지고 있는데 흔히 '흐름, 트렌드'의 의미로 사용된다. 따라서 '구오차오'는 '국가의 트렌드·유행' 정도로 해석할 수 있는데 우리나라의 '신토불이' 정도로 이해하면 된다.

  현재 구오차오는 전통문화의 회복과 부흥을 넘어서 국산품 애용으로 확산되어 가고 있다. 중국 국내 토종의 유명 스포츠 브랜드가 빠른 성장세를 거듭하고 있고, 중국의 국산 화장품 시장도 지속적인 성장세를 보이고 있는 것도 구오차오 문화와 무관하지 않다.
  특히 '구오차오 문화'는, 개인주의적 성향이 강하고 개성을 중시하는 1995년 이후 출생한 Z세대를 중심으로 한 국산품 애용이 하나의 트렌드를 자리 잡아 가고 있을 정도로 빠르게 형성되어 가고 있다.

  우리 기업이 중국에서 비즈니스를 할 때 중국 애국주의 시장의 흐름을 잘 판단하여 그에 맞게 잘 대응하여야 한다.

5-6 지역별 문화

중국은 광활한 크기만큼이나 지역적으로 각기 다른 '지역별 문화(地区别文化)'를 가지고 있다. 크게 북방 문화와 남방 문화, 동부연안 문화와 서부초원 문화 등으로 나누어진다. 중국은 민족, 기후, 풍토, 언어, 생활습관 등이 지역에 따라 상이하게 발전되어 왔다. 그래서 중국이라는 하나의 국가 틀에 속해 있지만 지역에 따라 민족에 따라 각기 다른 속성이나 의식 구조를 지니고 있다.

북방과 남방의 경계는 중국의 중부를 가로지르는 친링(秦岭)산맥과 화이허(淮河) 지역을 잇는 선을 경계로 위쪽은 북방, 남쪽은 남방으로 구분을 하고 있다. 중국의 허리 부분에 놓인 친링산맥은 길이 1,500km에 이르는 산맥으로 최고봉은 해발 3,500m의 태백산(太白山)이다. 바람을 막아 주는 장벽과도 같은 역할을 하는데 겨울철 서북풍이 남쪽으로 가는 것을 막아 주어 남방이 추위의 영향을 덜 받도록 해 준다. 여름철에는 동남풍이 가져오는 습기를 막아 북방 지역의 강우량을 크게 감소시킨다. 장강과 황하의 양대 수계의 분수령을 이루고 있는 친링산맥은 중국 남방과 북방의 천연적 분계선이라고 할 수 있다.

그런 영향으로 남방은 기후적으로 아열대 기후에 속하고 북방은 비교적 사계절이 분명한 특징을 가지고 있다. '남귤북지(南橘北枳)'란 사자성어는 '감귤을 화이허 북쪽에 옮겨 심으면 탱자가 된다'는 뜻으로 북방과 남방의 특징을 잘 보여 준다고 할 수 있다. 북방 사람들은 밀을 주식으로 하며 남방 사람들은 쌀을 주식으로 한다.

(출처: 바이두 백과사전)

  중국의 북방은 기후가 한랭하고 밭농사를 위주로 하며 북방 사람들은 남방 사람보다 체구가 비교적 크고 성격도 거칠고 대범하고 호탕한 편이다. 조금 보수적이면서 남성적이라고 할 수 있으며 술에도 아주 능한 편이다.

  반면에 남방지역은 온화한 기후 덕택에 논농사 위주의 생활을 하며 전통적으로 의식주에 크게 영향을 받지 않은 편이다. 북면남미(北面南米)라는 말이 있는데 북방은 주식이 밀가루의 면이고 남방은 쌀로서 기후적 요인을 잘 대변해 주고 있다. 남방 사람들은 사고방식이 비교적 실용적인 실사구시적 성향이 강하며 전통적으로 상업이나 무역에 탁월한 재능을 가지고 있으며 술은 그다지 능하지 못하나 북방지역보다 차 문화가 많이 발달되어 있다.

	북방	남방
지리적 기준	친링(秦岭)산맥과 화이허(淮河)를 기준으로 북쪽	친링(秦岭)산맥과 화이허(淮河)를 기준으로 남쪽
주요도시	베이징(北京), 톈진(天津), 칭다오(青岛), 정저우(郑州), 장춘(长春) 등	상하이(上海), 항저우(杭州), 푸저우(福州), 광저우(广州), 선전(深圳) 등
음식맛	짠맛	단맛
기후	온대 기후(사계절 분명)	아열대 기후
주식	밀가루(면, 빵, 만두 등)	쌀(밥, 쌀국수 등)
언어	북방방언 베이징관화(北京官话)	지역별 여러 방언: 저장성(浙江省)의 오방음(吴方言), 호남성(湖南省)의 상방음(湘方言), 푸젠성(福建省)의 민방음(闽方言), 광둥성(广东省)의 월방음(粤方言) 등
성격 및 특징	북방인은 대부분 기골이 장대하고 활달하며 호탕한 성격의 소유자가 많으며, 격식을 따지고 자존심이 강해 신의와 체면을 중시하는 경향이 강하다. 또한 남을 배려하며 듣기 싫은 소리는 듣지 않으려고 하는 경향이 있다.	남방인은 몸집이 다소 왜소하며, 성격은 섬세하고 남을 의식하는 세심한 면이 경향이 있다. 처세술에 능하며 경제관념이 강해 이해타산 및 현실감각이 뛰어나다. 자신을 쉽게 드러내지 않는 성향이 강하다.
기질	관료적 기질	상업적 기질
중심지역	정치 군사의 중심지역	경제, 금융, 무역의 중심지역
사상	유교사상	도교사상
문화	현실주의 문화	낭만주의 문화
기호식품	술문화가 발달	차문화가 발달

참고

중국 사람들은 처음 만나 인사를 할 때 보통 어디 출신인지를 묻고 또 자기가 어디 지역 사람인지 스스로 밝힌다. 상대방의 사회적, 문화적 배경을 이해하고 꽌시를 찾아서 적절하게 대응하기 위함이다.

화북의 베이징 사람은 '말하는 것'을, 화동지역의 상하이 사람은 '입는 것'을, 화남지역의 광저우 사람은 '먹는 것'을 좋아한다는 얘기들이 있다. 그만큼 북방과 남방 사람의 차이를 잘 보여 주는 말이다(常言道, 北京人会说, 上海人会穿, 广州人会吃).

화북지역의 대표 도시인 베이징은 중국의 정치, 경제, 교육, 문화의 중심 도시이자 수도로 관료직과 사상가들이 많다. 그런 영향으로 베이징 사람들은 말주변이 좋으며, 비교적 체면을 중시한다. 베이징은 다른 지역보다도 역사적 측면과 지역적 특성으로 관료적 의식을 많이 가지고 있으며, 경제적 관념보다도 정치적 문화적인 관념이 강하다고 볼 수 있다. 집단적 이익 창출 및 집단적 이익 추구를 지향하는 편이다. 성격이 호방하고 시원시원하며 친구 사귀기를 좋아하는 편이다. 또 남방지역 사람보다 술을 좋아하고 술을 통해 많은 교류가 이루어진다.

화동지역의 대표 도시인 상하이는 무역, 금융 등 경제의 중심 도시로 중국 최고의 수준을 자랑하는 도시이다. 상하이 사람들은 예로부터 무역 등 경제 활동을 통해 국제화가 되면서 개인주의적 성향이 강하게 나타나며 개방적이고 합리주의적인 성격을 많이 가지고 있다. 특히 대인관계 등에서 패션, 보석, 향수 등 외형적인 면을 중시하는 특성도 지니고 있다. 상하이는 베이징, 광저우 등 다른 도시에 비해 생활의 리듬이 가장 빠른 도시이다. 상하이 사람을 '중국의 유대인'이라고 부를 만큼 사고방식이 합리적이고, '상하이 깍쟁이'라는 소리를 들을 만큼 계산에 철두철미하다. '돈 앞에서는 모든 사람이 평등하다'는 실용적인 생활 철학을 가지고 있다. 이는 상하이 사람의 경제관과 처세관을 잘 설명한다고 볼 수 있다.

화남지역의 대표도시인 광저우는 지리적으로 중국 대륙의 동남쪽에 위치하고 있어 아열대 기후로 온난습윤하다. 이 기후적인 영향으로 1년에 기본적으로 이모작이 가능하고, 먹을거리가 풍부하다. 광저우 사람들은 양생에 관해 관심이 많으며 특히 먹는 음식에도 양생의 철학이 담겨 있다. 특히 광둥 사람들은 만만디(慢慢地)의 정서가 가장 많이 남아 있는 도시이다. '음식은 광저우에 있다(食在广州)'라는 말이 있을 정도로 광저우 사람들은 먹는 것에 신경을 쓴다. 반면에 날씨가 무더운 영향으로 옷을 아무렇게나 입는 경향이 짙다. 사업적 협상 자리나 공식적인 석상에서도 그냥 티셔츠 차림이나 간편복 차림으로 나오는 경우도 허다하다. 이것은 그만큼 광저우 사람들이 옷차림에 신경을 쓰지 않는다는 것을 대변하는 것이다.

특히 광둥어는 성조가 보통화보다 성조가 더 많아 그냥 대화를 하는데도 목소리 자체가 크게 들린다. 거기다 조금만 흥분하면 목소리가 커져서 싸우는 것으로 오해를 하기도 한다.

중국의 민간 속어 중에 "베이징 사람들은 외지인을 자기 부하로 여기고, 상하이 사람들은 외지인을 시골 촌뜨기로 깔보지만, 광둥 사람은 그들을 고객으로 대우한다"는 말이 있다. 또 "베이징에 가 보지 않으면 자신의 벼슬 위치가 얼마나 낮은지를 모르고, 광저우에 가 보지 않으면 내가 가진 돈이 얼마나 적은지를 알 수 없다"고 한다.

이렇듯 베이징은 정치의 중심, 상하이는 패션의 중심, 광저우는 경제의 중심을 설명하는 가장 간단한 한마디가 아닐까 생각한다.

5-7   연령별 문화

5-7-1. 중국의 연령대별 분포

2021년 5월 11일 중국 국가통계국에서 발표한 제7차 인구 총조사 결과에 따르면 중국의 전체 인구수는 14억 1,178만 명이며 남자가 약 7억 2,300만 명(51.24%), 여자가 6억 8,800만 명(48.76%)으로 남성이 약 3,500만 명 정도 많은 것으로 나타났다. 연령별로는 15세부터 59세까지 이른바 청장년 등이 63.35%로 가장 많고, 60세 이상의 노년인구가 32.2%로 그 뒤를 이었고 14세 이하가 17.95%의 비율을 보이고 있다. 16세부터 59세의 생산인구수는 약 8억 8,000만 명으로 여전히 노동력 자원이 풍부한 것으로 나타났다.

중국을 이끌어 가는 세대는 청장년층인데 주목할 것은 2010년보다 약 6.79% 감소하고 있고, 60세 이상의 노년층이 4.63%로 지속적인 증가세를 유지하고 있다는 것이다.

지역적으로는 경제적으로 발달한 동부 연안도시, 즉 장쑤성, 저장성, 푸젠성, 광둥성의 인구가 지속적으로 증가 추세에 있으며 대졸자의 비율도 지속적으로 증가하여 고학력 시대가 도래했음을 알 수 있다.

[남녀 성비 비교 및 인구 평균연령 증가 추세]

(출처: 인민화보)

이 조사 결과의 가장 특징적인 부분은 중국도 이제 고령화사회로 진입하는 단계에 있으며, 이전에는 생산력 증대를 위한 양에 중점을 두었다면 이제 고학력 시대로 무게 중심이 이동하고 있다는 것이다.

5-7-2. 실버 세대 문화

65세 이상의 인구가 총인구에서 차지하는 비율이 7% 이상인 사회를 '고령화사회(Aging Society)', 14% 이상인 사회를 '고령사회(Aged Society)', 20% 이상인 사회를 '후기고령사회(post-aged society)' 혹은 '초고령사회'라고 한다.

중국 국가통계국에서 발표한 제7차 전국인구조사 결과에 따르면 중국의 60세 이상 인구는 총인구의 18.7%인 2억 6,400만 명, 이 중 65세 이상 인구는 총인구의 13.5%인 1억 9,000만 명으로 이미 고령화 사회로 진입을 코앞에 두고 있다.

1950~1960년대에 출생한 세대가 중국 노년 세대의 중심으로 부상하면서 활기차고 건강한 '신(新)노인' 세대가 등장하기 시작했다. 이들은 경제적, 사회적으로 안정된 세대층으로 개인 삶의 질 향상을 위해 기꺼이 지갑을 열 준비가 되어 있다. 특히 여행, 문화, 레저, 자기개발교육 등 웰빙 라이프에 많은 관심을 가지고 있다. 이에 따라 실버 경제가 새로운 신성장 산업으로 대두되고 있으며, 실버 문화가 새로운 하나의 트렌드로 자리 잡고 있다. 실버 카페, 노인대학, 여행요양 등 여러 가지 실버 경제가 나타나고 있다. 중국 비즈니스에서 실버 산업도 눈여겨볼 만한 대목이다.

5-7-3. MZ세대 문화(80后, 90后)

MZ세대는 1980년대 초~2000년대 초 출생한 밀레니얼 세대(M세대)와 1990년대 중반~2000년대 초반 출생한 Z세대를 통칭하는 말이다. 디지털 환경에 익숙하고, 최신 트렌드와 남과 다른 이색적인 경험을 추구하는 특징을 보인다.

중국에서는 '빠링호우(80后)', '주링호우(90后)'라고 부르는 세대들인데 특히 주링호우(90后) 세대들은 태어나면서 컴퓨터와 스마트폰을 장착하고 태어난 디지털 세대의 원주민 세대라고 할 수 있으며 기존 세대와는 다른 개성을 가지고 있다.

이들은 중국 정부에서 1979년 1월부터 실시한 '1가구 1자녀' 정책으로 태어난 소황제 시대의 주역으로 개인주의적인 성향이 매우 강하고 자기주장 및 개성이 강하다. Z세대는 편의성을 추구하며 온라인 쇼핑, 소셜미디어 쇼핑, 여행 쇼핑을 선호한다. Z세대의 디지털을 이용한 소비 능력, 소비 이념, 소비 패턴 등이 갈수록 큰 영향력을 발휘하고 있다. Z세대가 디지털 소비 문화의 새로운 주력으로 각광받고 있다. 한국 기업들의 중국 마케팅 전략에도 변화가 필요한 시점이다.

특히 MZ세대를 대변하는 많은 신조어들이 나타나는데, 이 신조어들은 중국 사회 현실을 잘 반영하고 있다고 볼 수 있다.

예를 들면, '촹커(创客)'는 디지털 IT 기술을 기반으로 혁신적인 창업을 하는 창업자라는 의미의 신조어로 앞으로 중국 경제 발전을 이끌어 가는 하나의 축으로 주목받고 있는 세대로 현재 중국 젊은 세대들의 창업열기를 대변할 수 있다.

'얼다이(二代)'는 '푸얼다이(富二代)', '관얼다이(官二代)', '차이얼다이(拆二代)', '신얼다이(新二代)' 등처럼 접두어가 붙어 다양한 신조어로 활용되는데, 보통 위 세대로부터 경제적이나 사회적 유산을 물려받은 세대를 뜻한다.

재벌 2세를 뜻하는 '푸얼다이(富二代)', 고위급 관료의 자제를 뜻하는 '관얼다이(官二代)', 부동산 이주 보상 등으로 생겨난 신흥 부자의

2세대인 '차이얼다이(拆二代)'는 부정적인 인식이 강하다. 반면에 민영기업 2세를 지칭하는 '신얼다이(新二代)'는 사회적 책임감을 가지고 적극적으로 경영활동에 참가해 사업적으로 일정 성과를 얻어내 긍정적으로 인정을 받는 세대이다.

그 외 부모의 가난함을 물려받은 '충얼다이(窮二代)', 농촌 호적을 가지고 있지만 도시에서 일하는 농민들의 2세 '농얼다이(農二代)', 스타 연예인 2세 '싱얼다이(星二代)', 폭등하는 부동산 가격에 부모들이 집을 사 준 '팡얼다이(房二代)' 등 새로운 신조어가 나타나면서 중국 계층 세습화를 반영하고 있다.

'탕핑(躺平)족'은 우리나라의 N포 세대와 유사한 의미로 사용된다. 한자의 뜻으로는 '평평하게 눕는다'는 해석을 할 수 있는데 사실은 '누워서 아무것도 하지 않는다'의 의미로 자포자기에서 비롯된 표현이라고 할 수 있다. 극도로 지나친 경쟁사회에서 기본 소득만으로는 세상을 살기가 힘든 사회적 실망감 속에 '아무것도 하지 않는 게 더 낫다'고 생각하는 젊은 세대를 나타낸 것으로 중국 사회의 아픈 한 단면을 보여 준다.

중국의 공신력 있는 어문생활잡지 「교문작자(咬文嚼字)」에 발표된 2020년 10대 유행어 중 '네이쥰(內卷)'이 한때 화제가 되었다. '네이쥰'이란 말 그대로 '안쪽으로 둥글게 말리다'는 뜻이다. 요즘은 '사회학 단어'로 그 의미 영역이 확장되었다. 즉 어떤 사회나 문화 현상이 일정한 단계에 이른 후 정체되거나 혹은 다른 고급모델로 전환되지 못하는 현상을 말한다. 바꿔 말하면 질적 발전이 없는 양적 성장을 비유한다.

교육 분야에서 '네이쫜'은 '비이성적 경쟁'으로 비유된다. 쉽게 말하면, 교수님이 "논문은 5,000자 내외로 제출하시면 돼요"라고 요구했는데 A군은 우수 논문 평가를 받기 위해서 8,000자를 썼다. 이를 본 B군도 지지 않으려고 1만 자를 썼다. C군은 어쩔 수 없이 더 많이 쓰게 되었다. 모두 요구 이상으로 논문을 써냈는데도 우수작 평가 비율은 결코 변함이 없다. 이렇듯 심한 경쟁 사회에 내몰린 중국의 Z세대의 한 단면을 보여 준다고 할 수 있다.

오늘날 Z세대 젊은이들이 대부분 '네이쫜'의 불안감에 시달리고 있다. 자기가 남보다 못하면 나중에 어찌할까 하는 걱정이 태산이다.

동전의 양면처럼 부정적인 시각에서 보면, '네이쫜'은 팽이가 돌듯 '양적인 성장'에만 치중된 악순환과 다름없어 보인다. 긍정적인 시각에서 보면, '네이쫜'은 개인 능력을 증명해 보이는 기회라도 되지 않을까 하는 생각을 할 수도 있다. 필경 '적자생존'은 변하지 않는 불변의 진리이기 때문이다.

성공적인 중국 비즈니스를 위하여 시시각각 변화하고 있는 중국을 더 잘 이해할 필요가 있으며, 이러한 사회 현상 등을 통해 중국 비즈니스에서 더 신중한 접근이 필요하다.

5-8 만만디 문화

우리나라 사람들이 중국 사람, 중국 문화를 이야기할 때 가장 많이 등장하는 단어 중 하나가 '천천히'의 뜻을 가진 '만만디(慢慢地)'가 아닐까 생각한다. 그런데 우리나라 사람들의 인식에 이 만만디는 굉장히 부정적인 의미를 많이 담고 있다. 중국 사람은 뭐든지 느릿느릿해서 중국 사람과 비즈니스를 하려면 굉장히 피곤하다고 한다. 중국 사람에게는 우리에게서 찾아볼 수 없는 느긋함이 있는 것은 사실이다. 하지만 부정적인 의미만을 내포하고 있는 것은 아니며 또한 모든 일에 만만디 문화가 적용되는 것도 아니다.

중국 인터넷 검색 사이트에 '만만디 문화(慢慢地文化)'라고 검색을 하면 거의 찾아볼 수가 없다. 왜 그럴까? 우리가 느끼는 중국 사람의 만만디 문화는 그들에게 있어서는 문화라기보다는 유구한 역사의 흐름 속에서 자리 잡은 하나의 생활방식이자 생활리듬이다. 모든 일을 천천히 생각해 보고 결정할 수 있으며 찌든 생활 속에서 차(茶) 한 잔과 함께하는 여유로운 템포는 어찌 보면 아주 바람직한 생활 모습이라고 할 수도 있다.

공원에서 한가로이 태극권을 하고, 딤섬집에서 오후 늦도록 담소를 나누며, 하루 종일 동네 한 귀퉁이에서 마작을 즐기는 모습은 중국 여행을 하면서도 흔히 볼 수 있는 광경이다. 그런데 우리가 알고 있는 중국의 이러한 모습은 은퇴를 하고 한가히 노후를 보내는 60대 이상 사람들의 대표적인 만만디적 생활 모습이다.

 현재 중국은 개혁·개방정책이 실행되고 시장경제가 도입되면서 패스트푸드로 아침을 대신하고, 인스턴트 라면, 인스턴트 만두, 인스턴트 백반, 인스턴트 케이크 등 수많은 인스턴트 식품들이 대형마트의 매장을 잠식하고 있으며 배달산업이 급속히 성장하면서 상업성 광고에도 이제는 '콰이디얼(快点儿)'이 만연해 있다.

 출퇴근 시간 걸음걸이도 이제는 한국 못지않게 빨라지고 있으며 개인주의와 이기주의가 팽배해지면서 우리가 알고 있던 '만만디(慢慢地)'가 '콰이디얼(快点儿)'의 '빨리빨리'로 변화하고 있다. 치열한 생존경쟁 속에서 만만디는 더 이상 존재하지 않는다. 만약 비즈니스 협상에서 상대방으로부터 '만만디'를 느낀다면 이것은 상대방의 관심으로부터 한 발짝 뒤에 있다는 것을 명심해야 한다.

5-9 전통사상 문화

5-9-1. 중용사상(中庸思想)

중국 사람들의 일상생활과 처세에서 두드러지게 표현되는 사상이 곧 '중용(中庸)'이다. 중용사상은 유가사상의 중요한 구성 부분이며 또한 중국 전통사상(传统思想)의 중요한 구성 요소이다. 중용사상은 중화민족의 사상, 관념에 매우 큰 영향을 주고 있다.

공자는 어느 한쪽으로 기울이지 않는 중간 상태를 '중용'이라고 하였다. 중용을 도덕의 극한이며, 도덕의 최고 경계에 있다고 하였다.

중국 사람들은 항상 '말은 다 하지 말아야 한다', '말은 너무 찔리게 하지 말아야 한다', '일은 여유 있게 하여야 한다'고 말한다. 이것이 바로 중용사상의 표현이다.

중국 사람들은 사물에 대하여 좋지 못한 인상을 표현할 때 상대방에게 영향이 미치게 될 것을 고려해 일반적으로 나쁜 말을 선택하지 않고 완곡적 표현을 사용한다.

예를 들면,

그는 너무 뚱뚱하다 → 너무 야위지 않았다
그는 너무 못났다 → 그는 곱지 않다
여기는 매우 더럽다 → 여기는 깨끗하지 않다
이 반찬은 맛이 없다 → 그저 그렇다

이와 같이 우회적으로 표현하면 듣기가 훨씬 낫다. 중국 사람들은 직설적인 표현보다는 부정문을 사용하여 극단으로 가지 않으려는 의도를 많이 나타내는데 그것은 중용사상이 작용하였기 때문이라고 할 수 있다.

5-9-2. 유교적 예의(儒教的礼仪)

중국은 문명 고국으로서 고대로부터 지금까지 줄곧 늙은이를 존경하는 전통적 습관이 있다. 옛날 사람들은 늙은이를 존경하는 것을 매우 중요시하고 늙은이를 존경하는 데 대하여 많은 규정을 세우고 이것을 하나의 예(礼)로 정하였다.

중국의 『예기(礼記)』에서 이런 것을 찾아볼 수 있다. 이 문헌에서는 술을 마실 때 60세 이상의 사람은 앉아 있고 50세 이하의 사람은 서서 부름을 기다려야 하며, 60세 이상인 사람은 요리 3접시, 70세 이상의 사람은 요리 4접시, 80세 이상은 요리 5접시, 90세 이상은 요리 6접시를 대접한다고 하였다. 늙을수록 대접이 높으며 사람들의 존경을 받는다는 것을 찾아볼 수 있다.

중국 사람들의 심목에서 늙은이에 대한 인식은 신체, 정력, 얼굴색이 늙으면 쓸모가 없어지는 것이 아니라는 것이다. 중국의 속담에 '생강은 늙을수록 맵다'는 말이 있는데 그 의미는 늙은 사람은 경력이 길고 견식이 넓고 일 처리가 노련하다는 것이다.

실제로 중국 사람들이 늙은이를 존경하는 것은 중국 사람의 가족관과 관계된다. 늙은이는 당연히 손윗사람으로서 존경을 받아야 한다는 것이다. 이 외에도 늙은이를 존경하는 것은 중국 사람들의 '늙은 것이 복이다'라는 관념과 직접적으로 관계된다. 옛날에 생산력이 극히 낮은 정황에서 70세를 산다는 것은 복이 아닐 수 없었다. 이것은 전 사회의 영광이며 사회의 존경을 받을 만한 것이었으며 이 같은 관념이 이어져 내려오는 것이다.

중국 사람들이 늙은이를 존경하는 습관은 말에서도 뚜렷이 나타난다. 한자 '老('늙다'의 의미)'는 좋은 의미로 쓰인다. 이 때문에 이름이 있는 사람, 큰 공헌이 있는 늙은 사람을 '耆老(늙은이)', '元老(원로)'라고 부른다.

중국에서 연장자를 부를 때 성(性) 앞에 '老' 자를 붙여 '老李', '老王', '老张', '老刘' 등으로 부른다. 이것은 상대방이 자기보다 연장자이고 늙었으므로 존경하여 부른 것이다.

어떤 사람을 소개할 때 중국 사람들은 직함이나 직업, 직무에 '老' 자를 붙여서 말하기도 한다. 예를 들면 '老教授(노교수)', '老教师(노교사)', '老科学家(노과학자)' 등과 같은 것이다. 여기서 '老'는 경험이 풍부하고 다른 사람이 따라 배워야 할 본보기임을 의미한다.

이처럼 전통적 유교사상이 아직 중국 사회의 뿌리 깊은 곳에 자리 잡고 있기 때문에 사람과의 교제나 비즈니스 협상에서 예의에 벗어난 행동을 하면 큰 실례가 된다.

5-10   꺼림 문화

중국을 알자면 중국 사람들이 무엇을 꺼리는가를 알아야 하며 중국 사람들의 '꺼림 문화(禁忌文化)'를 알아야 중국이란 나라를 이해할 수 있다. 중국 사람들의 꺼림을 모르면 중국 사람을 이해할 수 없다.

꺼림(금기, 터부시)는 인류에게 보편적으로 존재하는 현상으로서, 국제학술계에서는 이런 문화현상을 '탑포(塔怖, Tabu 혹은 Taboo)'라고 하는데 우리가 일반적으로 '터부시하다'라고 사용하는 용어이다. '터부시하다'는 사전상에서 사람이 무엇을 신성시하거나 부정하다고 여겨 접촉하거나 말하는 것을 꺼리는 것이라고 정의하고 있다. 중국어로는 '塔布' 혹은 '塔怖'라고 하며 '禁忌(금기)', '忌讳(기피, 꺼림)', '戒律(계율)' 등의 의미를 나타낸다.

5-10-1. 사회 교제에서의 꺼림

중국 사람들은 연회 장소에서 아무런 구속도 없이 서로 말을 잘 나눈다. 특히 나이, 재산, 월급, 혼인, 연애 등에 대하여 아무런 거리낌도 없이 말한다. 그러나 개인의 존엄과 관련된 '결함', '중요한 문제', '단점'에 대해서 말하는 것은 꺼린다.

중국 속담에도 "사람을 때려도 낯을 때리지 말아야 하며 말하여도 결점을 말하지 말아야 한다"는 말이 있다.

중국에서는 아버지와 어머니, 연장자의 이름을 부르지 못한다. 집에서 아이는 부모나 연장자의 이름을 부르지 못하며 공중 장소에서도 부모나 연장자의 이름을 직접 부르지 못하며 아랫사람이 윗사람의 이름을 부르지 못한다. 그러면 예절이 없거나 교양이 없는 것으로 본다.

중국은 종법 제도 사회이므로 세대주는 최고 무상의 권리를 가지고 있으며 가족의 '군주(君主)'이다. 이 때문에 부모의 말은 '성지(聖旨)'와 같으며 오직 집행하여야 할 뿐 항거하여서는 안 된다. 이렇게 하지 않으면 효성과 충의가 없는 것으로 보며 큰 도리를 벗어난 것으로 본다. 부모의 이름은 건드릴 수 없는 신성한 것이다.

5-10-2. 음식에서의 꺼림

중국 사람들이 밥상에 앉을 때 앉은 위치를 매우 중시한다. 윗자리와 아랫자리 구별이 있다. 윗자리에는 주요한 손님이거나 연장자가 앉는다.

중국 사람은 밥을 먹을 때 젓가락으로 공기를 두드리는 것을 꺼린다. 이런 행동은 거지들이 하는 행동이기 때문이다.

이뿐만 아니라 손에 젓가락을 높이 쳐들고 자기가 좋아하는 반찬을 먹으려고 눈으로 반찬을 찾아보는 것을 꺼린다.

또한, 밥이 담겨 있는 사발에 젓가락을 꽂아 놓고 있는 것을 꺼리는데, 이것은 사람이 죽었을 때 죽은 사람의 밥사발에 이렇게 하여 놓기 때문이다.

밥을 먹기 전 빈 사발을 거꾸로 밥상에 엎어 놓으면 안 되는데, 이것은 사람을 욕하는 것이며, 사람을 병들게 하는 것으로 본다.

광저우에서는 손님을 접대할 때 닭을 잡는데 원래 닭 모양대로 닭을 밥상에 차려 놓고 닭대가리가 향하는 사람에게 재수가 붙는다고 한다. 닭대가리는 일반적으로 윗자리에 앉은 연장자에게 향하게 한다. 그것은 세상 만물에서 머리가 귀중하기 때문이라고 한다.

중국 사람들이 설을 쇠거나 명절을 지낼 때 반드시 물고기가 있어야 하는데 물고기 '魚'는 나머지가 있다는 '余'와 발음이 비슷하다. 이것은 '부족하지 않고 남김이 있다'는 길언(吉言)이므로 명절이면 물고기가 항상 준비되어 있는 것이다. 어떤 곳에서는 결혼 잔치에서 물고기가 오르면 물고기 머리, 물고기 꼬리를 먹지 않는다. 이것은 머리가 있고 꼬리가 있어야 결혼한 부부가 검은 머리가 흰머리 될 때까지 오래 산다는 의미이다.

여러 지방에서 생선 요리를 먹을 때 생선을 뒤집지 않는다. 만약 물고기를 뒤집으면 고의적으로 배를 뒤집어 놓은 것과 같으며 사람들에게 나쁜 액운을 가져다준다고 믿는다. 물고기를 잡아서 생계를 유지하는 곳의 사람들이 특별히 이것을 꺼리므로 주의해야 한다.

중국 사람들은 요즘 커피를 마시기도 하지만 보통 차를 즐겨 마신다. 중국은 차 문화가 상당히 발전하였으며 유구한 역사를 지니고 있다. 중국 사람들은 찻물이 맑고 향기가 나는 것을 추구하면서 차의 순수한 맛을 좋아하는 편이라서 유럽의 홍차처럼 다른 것들을 넣는 것을 꺼린다.

서양 사람들은 경우에 따라 여러 가지 술을 마시지만 중국 사람들은 집에서나 식당에서나 연회에서나 한 가지 술을 마시지, 서양 사람들처럼 몇 가지 술을 섞어 마시는 것을 꺼린다. 우리나라처럼 상석이 맨 안쪽 자리이며 다 같이 건배를 하기도 하지만 일일이 술잔을 들고 윗사람을 찾아다니면서 술을 권한다. 중국 사람들은 맛을 보면서 조금씩 천천히 마신다. 특히 급하게 마시는 것을 꺼린다.

5-10-3. 명절에서의 꺼림

중국 사람들의 가장 큰 명절은 설(춘절, 春节)이다.

광저우(广州) 방언에서 '橘'과 '吉'은 동음자(同音字)인데 음력 설이 되면 이 도시의 주민들은 금귤(金橘)을 차려 놓고 길상을 빌며 뜻대로 되기를 바란다.

중국 사람들은 설에는 길상과 상반되는 말을 하지 않는다. 예를 들면 '죽다', '병나다', '끝나다', '없다' 등과 같은 말은 하지 않는다. 음력설에는 기구를 부수면 안 되는데 부쉈다 하더라도 '부수다'라고 하지 않고 '岁岁平安(해마다 평안하다)'이라고 말한다. '岁岁平安'에서 '岁'와 '부수다'는 의미를 가진 '碎'는 음이 같은 것으로서 좋은 말이 된다. 다시 말하여 나쁜 일이 좋은 일로 된다는 것이다.

정월 초하루에는 마당을 쓸고 쓰레기를 버리면 운수와 재산을 모두 버리는 것이 된다고 하며, 여자가 이날에 머리를 빗으면 운수와 재산이 다 날아간다고 한다. 그리고 정월 초하루부터 보름까지는 복이 나간다고 하여 머리도 자르지 않는 풍습이 있다. 칼로 야채를 써는 것을 꺼리는데 철기는 '흉'을 나타내기 때문이다.

또 설에는 아이들이 말을 많이 하는 것을 꺼리는데 아이들이 말이 많으면 불길한 말도 있을 수 있어 운수가 달아난다고 한다.

추석은 한자리에 모이는 명절인데 달(月)을 향해 제사할 때에는 복숭아와 배를 상에 올려놓는 것을 꺼린다. '복숭아'는 신에게 접근할 수 없는 과일이라고 보고 '배'는 서로 갈라지는 것으로 보기 때문에 온 가족이 모이는 명절에 갈라지는 의미가 있으면 안 된다는 것이다. 이는 중국어에서 '梨(배)'는 '갈라지다'는 의미를 나타내는 '离'와 발음이 같으므로 꺼리는 것이다. 수박을 나누어 먹을 때에는 반드시 연화(莲花) 잎처럼 쪼개어야 상서롭다는 것이다.

중국의 청명절은 일반적으로 4월 5일 전후이다. 청명절 전 하루 이틀은 중국의 전통 명절인 한식절이다. 후에 이 두 명절을 합쳐서 한 명절로 하였는데 이것이 오늘의 청명절이다. 청명절의 주요한 풍속 습관은 불을 금하고 한식(寒食)하고 제사를 지내고 묘를 가꾸는 것이다. 불을 금하고 한식을 하는 것은 춘추시대의 진국(晋国)의 공신 개자추(介子推)를 기념하기 위해서라 한다.

5-10-4. 직업에서의 꺼림

상업에서는 '关门(문을 닫다)'이란 말을 꺼리는데, 그것은 파산을 의미한다고 하여 중국 쑤저우(苏州) 지역에서는 '打烊(저녁시간이 되어 상점 문을 닫다)'이라고 말한다.

'猪舌(돼지 혀)'의 '舌'은 일부 곳의 방언 '折本(본전을 잃다)'의 '折', '蚀本(본전을 축내다)'의 '蚀' 음과 근사하므로 '猪胜(돼지가 재물을 부르다)'라고 말한다.

5-11 개인주의 문화

중국은 개혁·개방과 더불어 자본주의의 시장경제가 유입되면서 개인적 야망과 개인적 성공을 위하여 사적인 관계에 관심을 가지기 시작했다. 자기 일이 아니거나 자기와 상관없는 일에는 철저히 외면하고 관심을 가지지 않지만, 개인적인 경제적 이익 앞에서는 지나칠 정도로 개인주의적 성향이 더 강하게 나타난다.

특히 중국은 가족 중심적 개인주의가 특징적이다. 가족의 이익을 위해서 극단적 개인주의적 성격을 많이 띤다. 그 대표적인 예가 자녀에 대한 관심으로 표출되는 개인주의이다. 중국에서 흔히 어린애들이 공공장소에서도 무분별하게 뛰어놀고 해도, 식당에서 아무리 시끄럽게 해도 부모들이 그냥 놔두는 경우가 왕왕 있다. 내 자식에 대한 무한의 사랑이지만 남을 배려하는 의식이 많이 부족하다는 것을 알 수 있다.

물질만능주의가 팽배해지면서 전통적 유교적 예절이나 사회적 관념보다 개인의 이익을 중시하고 개인만을 위하는 '개인주의 문화(个人主义文化)'도 차츰 확산되고 있다.

성공적인 중국 비즈니스 협상을 위한 전략

중국
비즈니스 협상
A to Z

Chapter 6.

중국인들의 비즈니스 협상론

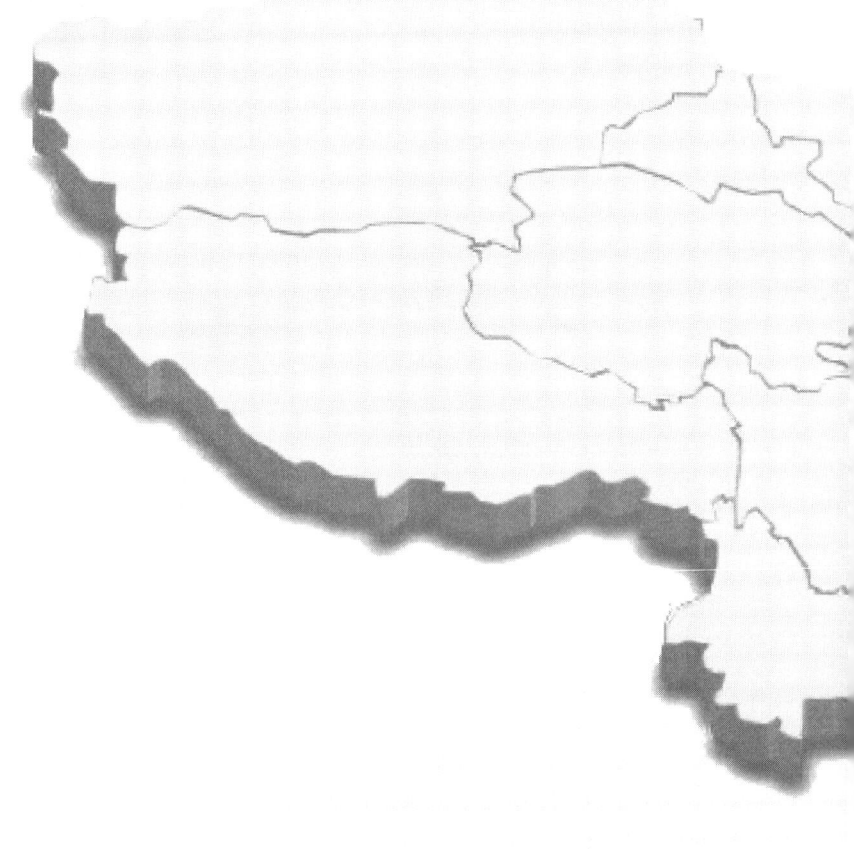

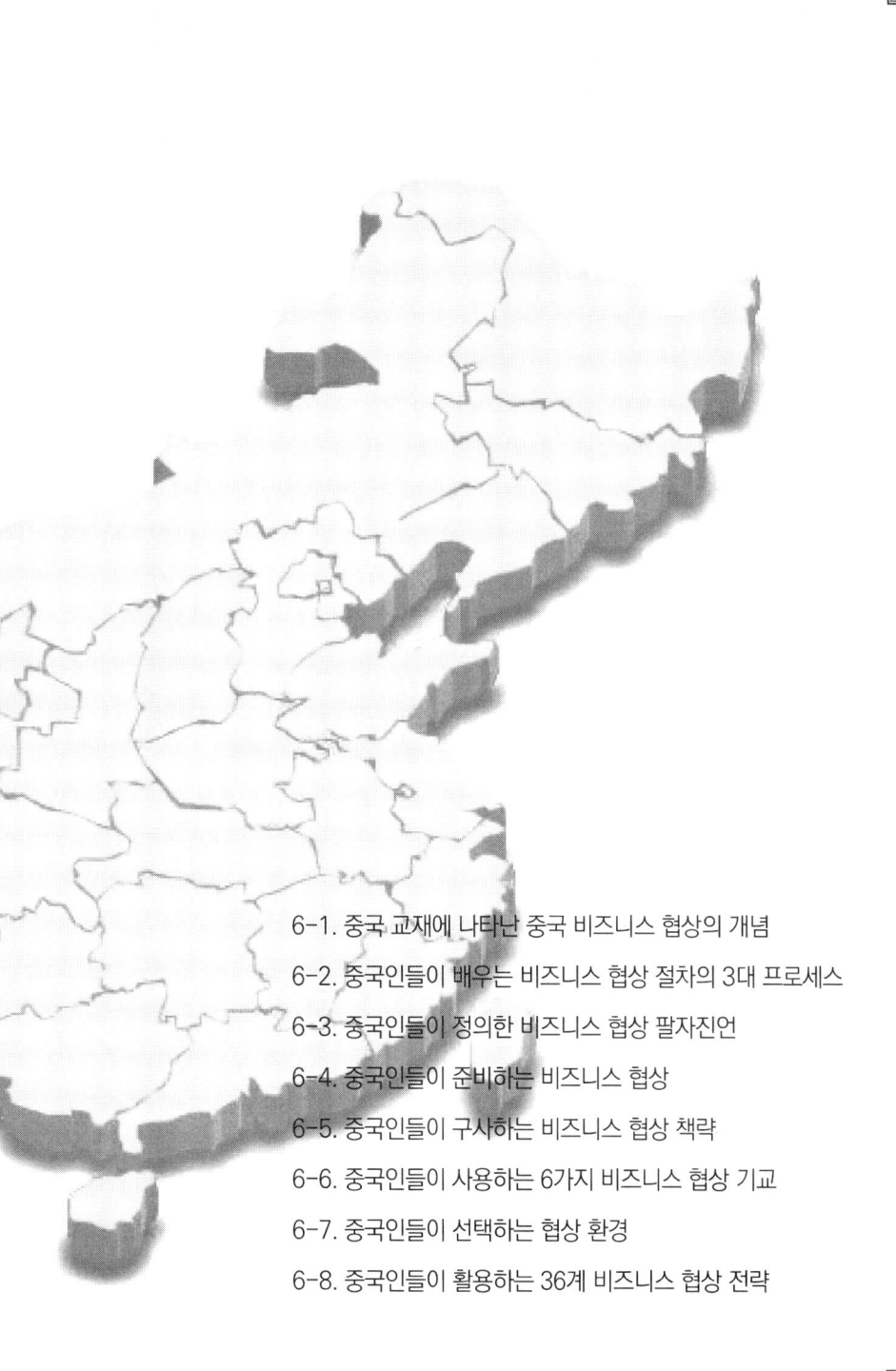

6-1. 중국 교재에 나타난 중국 비즈니스 협상의 개념
6-2. 중국인들이 배우는 비즈니스 협상 절차의 3대 프로세스
6-3. 중국인들이 정의한 비즈니스 협상 팔자진언
6-4. 중국인들이 준비하는 비즈니스 협상
6-5. 중국인들이 구사하는 비즈니스 협상 책략
6-6. 중국인들이 사용하는 6가지 비즈니스 협상 기교
6-7. 중국인들이 선택하는 협상 환경
6-8. 중국인들이 활용하는 36계 비즈니스 협상 전략

포커(마작) 게임을 할 때 '자신의 패만 보면 하수(下手)요, 남의 패를 읽을 줄 알면 중수(中手)요, 판의 흐름을 알면 고수(高手)'라고 했다. 치고 빠질 줄 알며, 해야 할지 말아야 할지 상황판단을 잘하는 사람이 그야말로 고수인 것이다.

중국인들은 비즈니스 협상론을 어떻게 배우는가?
지피지기 백전불태의 전략에 따라 중국인들이 배우는 비즈니스 협상론을 이해한 후 전략을 구사해야 한다.

중국의 대표적인 포털사이트 바이두 백과사전에서 제시한 중국인의 비즈니스 협상 전략과 중국의 여러 대학에서 진행한 비즈니스 협상론에 관한 강의를 요약해서 정리하여 제시한다.

6-1 중국 교재에 나타난 중국 비즈니스 협상의 개념

정의

비즈니스 협상을 중국어로는 '상무담판(商务谈判, Business Negotiation)'이라고 하는데 거래의 쌍방이 거래를 성사시키기 위해 진행하는 활동으로 쟁의를 해결해서 상호 경제적 이익을 실현시키는 방법과 수단이라고 정의를 하고 있다.

원칙

사회주의 시장경제[9]의 조건하에 아래의 원칙을 따라야 한다고 규정하고 있다.

① 호혜의 원칙
② 평등의 원칙
③ 합법의 원칙
④ 시효성 원칙
⑤ 최저목표원칙

---

9) 사회주의 시장경제: 사회주의 시장경제는 기본 사회주의 사회 제도와 결합된 시장경제 체제로 근본적으로 사회주의 국가의 거시적 통제 하에 시장의 수요공급에 결정적 역할을 하는 경제체제.

작용

① 비즈니스 협상은 기업이 경제 목표를 실현하는 수단이다.

② 비즈니스 협상은 기업이 시장 정보를 얻는 중요한 방법이다.

③ 비즈니스 협상은 기업이 시장을 개척하는 중요한 역량이다.

특징

① 경제적 이익 획득의 목적

② 가치 중심의 협상이 핵심

③ 협의서의 정확성과 엄밀성

6-2 중국인들이 배우는 비즈니스 협상 절차의 3대 프로세스

비즈니스 협상의 절차는 가치규명(Claiming value), 가치 창출(Creating value), 장애극복(Overcoming barriers to agreement)의 세 가지 프로세스에 따라 진행되어야 한다고 규정하고 있다.

가치 규명

가치 규명(Claiming value)은 성명가치라고도 하는데 협상의 초기 단계로, 서로의 이익에 대해 충분히 소통하고 상대방이 원하는 방법과 강점을 밝혀야 한다. 이 단계의 관건은 상대방의 진정한 요구를 파악하는 것이므로, 주요한 기교는 상대방에게 질문을 많이 해서 실제 수요를 알아보는 것이다. 이와 동시에 상황에 따라서도 우리 측의 이익 소재를 분명히 밝혀야 한다. 상대방의 진짜 욕구를 알아내어 어떻게 해야 상대방의 욕구를 충족시킬 수 있는지 알 수 있고, 동시에 상대방이 당신의 이익을 알아야 당신의 욕구를 충족시킬 수 있기 때문이다.

가치 창출

가치 창출(Creating value) 단계는 협상의 중간 단계로, 쌍방이 서로 소통하면서, 각자의 이익 소재를 밝히고, 상대방의 실제 수요를 파악한다. 그러나 이를 통한 합의가 반드시 양측 모두에게 이익이 극대화되는 것은 아니다. 즉 이익은 여기서 효율적으로 균형을 이루지 못하는 경우가 많다. 평형을 이뤘다고 해도 이 합의가 최선책은 아닐 수 있다.

따라서 가치 창출 단계에서는 양측이 더 나은 방안을 찾고, 협상 상대방이 가장 큰 이익을 얻을 수 있는 순서가 가치 창출이다.

장애 극복

장애 극복(Overcoming barriers to agreement) 단계는 담판의 핵심 단계라고 할 수 있다. 협상의 장애는 협상 당사자들 간에 서로의 이익이 상충한다는 점과 협상자 스스로 의사결정 절차에 장애를 가지고 있는 두 가지의 경우가 대표적이다. 앞의 장애물은 쌍방이 공평하고 합리적인 객관적 원칙에 따라 이익을 조정하는 것이고 후자는 교섭에 장애가 없는 쪽이 주동적으로 협상 상대방이 원활한 결정을 내릴 수 있도록 도와주는 단계이다.

6-3 중국인들이 정의한 비즈니스 협상 팔자진언

비즈니스 협상, 외교 협상, 노무 협상, 매매 협상 등 여러 가지 협상에 있어서 협상의 결과를 좌우하는 것은 양측 협상력의 힘과 세기이다.

협상력은 '노트릭스(NO TRICKS)'의 알파벳 하나하나가 의미하는 여덟 단어인 need, options, time, relationships, investment, credibility, knowledge, skills에서 비롯되어 비즈니스 협상 팔자진언이라고 한다.

N(need: 수요)

어느 쪽의 수요가 더 많은가에 따라 더 강한 협상력을 가지게 된다. 예를 들어 사는 쪽의 수요가 비교적 많다면 파는 쪽은 상대적으로 강한 협상력을 가지게 될 것이다. 또 상대적으로 파는 쪽의 수요가 많다면 당연히 사는 쪽이 더 강한 협상력을 지니게 된다.

O(options: 옵션)

협상이 원활하게 타결되지 않을 때의 대안 제시로, 협상이 최종 타결되지 않으면 양측은 어떤 선택을 할 것인가, 이다. 만약 선택할 수 있는 다른 대안이나 선택의 기회가 많다면 협상자원을 많이 가진 쪽이 더 강한 협상력을 가지게 된다.

T(time: 시간)

협상 중 시간제한이 있는 긴급사태가 발생할 수 있다는 의미로, 상대방이 시간 압박을 받으면 자연스럽게 우리 팀의 협상력이 강화된다.

R(relationship: 관계)

상대 팀과의 강력한 관계, 좋은 관계를 맺고 있으면 협상력은 당연히 높아지게 되어 있다.

I(investment: 투자)

협상 과정에 얼마나 많은 시간과 정력, 비용 등을 투자했느냐에 따라 더 강한 협상력을 가지게 된다.

C(credibility: 신뢰)

우리에 대한 상대방의 신뢰도 역시 일종의 협상력이다.

K(knowledge: 지식)

지식은 힘이다. 고객의 문제와 요구를 충분히 이해하고, 상대방의 요구를 어떻게 만족시킬 수 있을지를 예측한다면 상대방에 대한 협상력이 강해질 것이다.

S(skill: 스킬)

협상력을 키우는 데 가장 중요한 내용일 수 있지만 협상 기교는 종합적인 학문, 폭넓은 지식, 웅변적인 언변, 기민한 사고 판단 등 협상의 기교는 더 강한 협상력을 갖게 한다.

또한 결정적으로 비즈니스 협상에서는 NO TRICKS 하나하나의 의미에 더해 상대방을 기만하거나 속이지 말고 공정해야 한다.

6-4 중국인들이 준비하는 비즈니스 협상

6-4-1. 협상자의 자질

협상자는 협상 내용에 관한 풍부한 전문 지식(정책, 법률 등)을 지니고 있어야 하며, 고효율적 협업 능력, 인내심, 참을성 있는 소양을 갖추고, 건강한 신체와 건강한 정신을 지니고 있어야 한다.

6-4-2. 비즈니스 협상팀 구성 및 업무

합리적 협상팀 구성

협상팀은 3~4명 정도가 적절하며(법률, 기술, 재무, 영업, 통역팀 등) 최소 3명, 최대 8명으로 구성하는 것이 좋다. 통역팀의 경우 외주든 내주든 사전 리허설이 꼭 필요하며 사전 협상에 필요한 지식 습득 또한 필수적이다.

협상팀 업무 분담

협상 팀장: 협상 팀장은 협상의 방향을 유도하며, 전체 협상을 조화롭게 주도할 수 있어야 한다. 또한, 중요한 사항을 결정하거나 의외의 상황이 발생했을 때 이에 적절한 해결방안을 제시할 수 있어야 한다.

전문위원: 전문가의 입장에서, 전문적 내용을 제공하여 팀장을 도와야 한다.

기록요원: 협상의 내용을 기록하고 정리한다.

정보 수집

남을 알고 나를 알면 백전백승이 아니라 먼저 나 자신을 파악한 후에 남을 알면 백 번의 전쟁에서도 위태롭지 않다(不是知彼知我百战百胜而是知我知彼百战不殆).

- **협상 상대의 자료**: 협상 상대 회사의 기본 정보(자본금 규모, 운영 채무 현황 등) 및 협상 상대방의 개인 자료, 협상 태도(협상 의지 등) 등에 관한 파악이 필요하다.
- **협상과 관계된 시장 정보**: 소비자의 니즈, 소비 형태(연령, 도시 등)와 상품의 시장 현황을 파악해야 한다.
- **협상과 관계된 정책 및 법률**: 중국의 사회 구조 및 법규, 협상 내용과 관련된 법률 지식, 규제 및 규칙 등의 정책 파악이 필요하다.

목표 설정

목표 설정의 3대 전략: 원원전략, 최고-중간-최저목표의 설정, 대안 목표(B-Plan)를 설정한다.

목표 설정의 3대 원칙: 실현 가능한 목표 설정, 중국의 법률과 법규를 준수하는 기본 바탕하에 설정, 상황에 따라 민첩하게 대응할 수 있도록 설정한다.

6-4-3. 방안 작성

협상안 작성에 필요한 3가지 요구사항

형식은 간단명료, 중요 내용은 상세하고 구체적으로 제시하여 이해하기 쉬워야 한다. 합리적 신속한 판단, 통찰력, 의외의 상황 발생 시 대처방안(여러 가지 상황 발생에 대한 대처방안)을 마련해 두어야 한다.

협상안 내용에 꼭 들어가야 할 3가지

협상의 목표, 협상의 유효 기간, 협상의 의제 및 순서(회의 시간, 장소, 인원, 협상 의제, 협상 순서 5가지 고려)는 협상안 내용 구성에 필수적이다.

6-4-4. 협상 리허설

협상 전 리허설이 중요한 부분을 차지한다. 특히 통역이 있는 경우에는 리허설 과정이 필요하다. 협상 시 발생할 수 있는 문제점을 발견하고 해결 방안을 제시하도록 준비해야 한다.

시간, 장소, 환경과 유사한 조건에서 리허설해 보거나, 정보 입수를 통해 상대방의 입장을 고려한 리허설, 혹은 심리상태, 협상능력, 자기평가 등을 잘 판단한 리허설을 해보는 것이 좋다.

6-5 중국인들이 구사하는 비즈니스 협상 책략

6-5-1. 회의 시작 전 분위기 전환

분위기 환기용 멘트 준비

시작 전 분위기 환기는 굉장히 중요하다. 분위기를 환기할 수 있는 멘트를 준비(날씨, 사회, 키워드 등)해야 한다. 매너를 가지고 즐겁게 문을 열어야 한다.

협상과 관련된 간접 질문 준비

협상과 관련이 있는 간접적인 질문 리스트를 작성해서 미리 전체적인 흐름을 판단해야 한다(관심 있는 70~80%를 말하게 하고 20~30%를 질문한다).

6-5-2. 가격 책정(Offer)의 3단계

묻지 않는 것은 말하지 말고, 묻는 것은 정확하게 대답하고, 필요 없는 것은 말하지 말고, 글보다는 대화(말)로써 협상에 임하는 것이 좋다 (4대 원칙: 不问不答, 有问必答, 避虚就实, 能言不书).

① 선정 순서: 상황에 따라 순서 정리(앵커링 효과, 기준점 설정)
② 합리적 가격 선정의 방식 선택
③ 상대방의 오퍼를 정확하게 이해하고 대처

6-5-3. 협의, 절충, 교섭

협의, 절충, 교섭에서 가장 필수적인 요소는 '양보'라고 볼 수 있다. 내가 할 건지, 상대방으로부터 양보를 어떻게 끌어낼 건지, 어느 정도의 양보가 필요한지가 중요한 요소이다.

양보의 5가지 원칙
① 그냥 양보는 하면 안 된다.
② 먼저 상대방이 양보하도록 유도해야 한다.
③ 상대방이 만족할 만한 양보가 되어야 한다.
④ 양보했을 때 상대방도 어느 정도 양보가 되도록 해야 한다.
⑤ 양보를 너무 빨리 결정하면 안 된다.

양보의 2가지 책략
① 양보 시 다른 문제에서 양보의 방안을 찾아야 한다.
② 양보 시 미래에 대한 이익을 보장받고 양보해야 한다. 절대 그냥 양보하면 안 된다. 양보에 따른 어떤 보상이든 받아야 한다.

주의점
① 확실한 정보를 가지고 양보를 끌어내야 한다.
② 시간적으로 유리할 경우에만 상대방에게 최후통첩의 시간을 알려 양보를 받아야 한다.

6-5-4. 협상 타결 전략

협상 타결을 위한 3가지 목표
① 빠른 합의 도출에 힘써라.
② 이미 취득한 것을 최대한 확보하여 이익에 손실이 가지 않도록 한다.
③ 마지막까지 이익이 도출되도록 최선을 다한다.

협상 성립 단계에서의 전략
① 협의서 작성 전 발생하는 작은 문제들을 다시 정리해서 이익이 되도록 해야 한다.
② 협의서는 협상한 내용과 동일하게 작성하여야 한다. 법률적 효력을 지니게 되므로 꼭 변호사 등을 통하여 확인해야 한다. 특히 일시, 가격 등은 다시 한번 꼼꼼하게 체크하여야 한다.
③ 사소한 문제들은 술 한잔하면서 해결 가능하므로 상황판단을 잘하여 2차 자리를 유도하는 것도 좋은 전략이다.

6-6 중국인들이 사용하는 6가지 비즈니스 협상 기교

중국 우한대학에서 강의하는 협상론에서는 6대 협상 기교로 듣기, 묻기, 답하기, 설명, 보기, 변론을 제시하고 있다.

6-6-1. 듣기(听: listening) 전략

① 끝까지 인내심을 가지고 다 들어야 하며 절대 중간에 말을 끊으면 안 된다.
② 상대방의 말에 귀 기울이고 있다는 동의 표시인 '끄덕끄덕, 好' 등의 동작이 필요하다.
③ 기록하고 체크하면서 들어야 한다.
④ 상대방이 말하는 뜻을 오해가 생기지 않도록 잘 파악해야 한다.

6-6-2. 묻기(问: Question) 전략

묻기 전략은 정보 획득의 중요한 방법이다.

① 먼저 질문 리스트(분위기 환기용, 간접질문, 직접질문)를 작성해라 (순서 중요).
② 강요하거나 억지로 하는 질문을 피해라.
③ 질문 후 시간을 주고 상대방이 준비하고 대답할 시간을 기다려라 (참지 못하고 중간에 끼어들면 안 된다).

④ 질문 내용을 잘 선정해라(부정적이거나 반감을 사는 질문 안 된다).
⑤ 질문 내용을 간단명료하게 해라(대답은 길게 하도록 유도하는 것이 좋다).

6-6-3. 답하기(答: Answer) 전략

질문에는 명쾌하고 간단명료한 답을 한다.

① 대답 전에 먼저 생각해라. 시간적 여유를 가지고 어떻게 대답할지 전략적으로 계산하는 것이 필요하다.
② 질문 내용의 의도 및 목적을 잘 판단해서 정확한 대답을 해야 한다. 다시 한번 질문 내용을 묻는 것도 괜찮다.
③ 어렵거나 곤란한 질문 시에는 정식 답변을 피하거나 질문에 대해 상대방의 의견을 한번 물어보는 것도 좋다.
④ 모르는 질문을 받았을 때 아는 체하지 마라. 잘못하면 역효과가 나타난다. 다음에 잘 준비하고 알아보고 다시 찾아서 알려주겠다고 해야 한다.

6-6-4. 설명(叙: Explaining) 전략

답(答)은 상대방이 제기한 문제에 대해서 잘 생각해서 하는 표적적이고 수동적인 진술이다. 하지만 설명(서술, 叙)은 나의 입장, 관점에서 주동적으로 상대방에게 설득하는 것을 말한다.

① 태도(말, 복장, 행위 등)
② 정확성(언어적 전달)
③ 전문성(믿게끔)
④ 간단명료(잘 이해하게끔)
⑤ 쓸데없는 말이나 협상과 관계없는 말을 되도록 하지 말 것(기분 상하는 말은 하지 말 것)
⑥ 순서 중요(중요한 것부터, 협상이 쉬운 것부터)

6-6-5. 보기(看: Seeing) 전략

상대방의 태도로부터 협상의 상황을 판단할 수가 있다. 상대방의 태도가 적극적인지 소극적인지, 긍정적인지 부정적인지 의도를 파악할 수 있다. 그래서 상대방에게 내가 적극적임을 보여 주는 것도 중요하다. 눈, 입, 얼굴 표정 등 표현 방법은 협상에서 중요한 위치를 차지한다. 특히 눈은 마음의 창이다. 협상 시 협상 상대방에게 관심을 가지고 주의를 집중하고 있다는 것을 보여 주기 위해 상대방의 얼굴을 주시해야 한다.

협상 상대에게 태도, 심리, 언어, 표현, 예의 등을 허점을 보이지 않도록 주의해야 한다.

① 태도: 상대방 중시(팔짱을 끼거나 다리를 꼰다, 짝다리를 한다 등 유교적 논리상 예절에 어긋나는 것 하면 안 됨)
② 심리: 포커페이스 유지(적당한 미소)

③ 언어: 고급 언어(저속어는 피해라)

④ 모든 것에 예의를 갖춰라.

6-6-6. 변론(辯: Comments) 전략

① 객관적 자료와 관점을 가지고 명확하게 입장을 견지해야 한다.

② 통찰력을 가지고 민첩, 정확하게 판단하여 논리적으로 변론하여야 한다.

③ 원칙을 가지고 접근해야 한다.

④ 상대방의 입장을 잘 이해하고 그의 입장에서 변론을 이끌어야 한다.

⑤ 태도는 격조 있게, 분위기는 부드럽게 변론을 해야 한다.

6-7 중국인들이 선택하는 협상 환경

비즈니스 협상에서 비즈니스 협상 환경의 선택 및 배치가 매우 중요하다. 협상 환경은 일반적으로 편안하며 청량한 분위기를 만들어야 하며 스트레스를 받지 않도록 조화롭게 선택하여 쌍방 협상이 순조롭게 진행될 수 있도록 해야 한다.

피해야 하는 협상 장소는 시끄러운 환경, 불편한 좌석, 협상 장소의 온도가 너무 높거나 낮거나, 외부인의 방해를 받을 수 있는 곳, 환경이 낯선 곳 등으로 심리적 피로감이 높은 곳, 동료와 사적인 대화를 나눌 기회가 없는 곳이다. 이런 환경적 요인들은 협상자의 주의력에 영향을 미쳐 협상 실수를 야기할 수 있다.

광선
자연광원을 이용하거나 인공광원을 이용해도 좋다. 자연광원인 햇빛을 이용할 때는 강한 빛이 눈에 거슬리지 않도록 창사를, 인조광원을 사용할 때는 빛을 최대한 부드럽게 배치해야 한다.

소리
실내는 평화로워서 협상이 순조롭게 진행될 수 있도록 해야 한다. 방은 길가에 인접하거나 공사장 부근이 없어야 하며, 문과 창문은 반드시 방음이 가능해야 한다. 주변에는 전화벨 소리, 발자국 소리, 사람 소리 등의 소음 교란이 없어야 한다.

온도

실내에서는 공기의 온도와 습도를 적정 수준으로 유지하기 위해 에어컨과 가습기를 사용하는 것이 좋다. 온도는 20℃이고 습도는 40~60% 사이가 적당하다.

색상

실내의 가구, 창문, 벽의 색채가 조화를 이루도록 해야 하며, 장식 설치는 실용적 미관을 가지고 비교적 큰 공간을 남겨 사람의 활동에 도움이 되도록 해야 한다.

장식

회담 장소는 깨끗하고 우아하며 점잖고 대범한 모습을 보여야 한다. 넓고 깔끔한 테이블, 심플하고 편안한 의자(소파), 벽에 몇 점의 조화된 서화를 걸 수 있고 실내에도 공예품, 화훼, 로고물을 꾸밀 수 있지만 지나치게 복잡하지 않으며 간결하고 실용적이어야 한다.

6-8 중국인들이 활용하는 36계 비즈니스 협상 전략

　중국인들의 비즈니스 협상 스타일은 중국 고대로부터 이어져 내려오는 병법이나 처세술 등에 영향을 많이 받아 왔다. 중국인은 비즈니스 협상 시 꼭 배우지 않더라도 협상에 능한 DNA를 가진 것처럼 습관처럼 자동으로 장착되어 자주 사용하는 협상 스타일, 즉 전략을 가지고 있다. 중국의 고대 병법에서 시작된 '36계' 전략은 현재 중국 사람의 협상 스타일로 자주 활용되는 비즈니스 전략 중의 하나이다.

　'36계'는 한 사람의 병법 전문가가 기술한 것이 아니고 역대 병법, 군사책략 등에서 인용하여 36계 전략을 정리 요약하여 편집한 것으로 실천적 측면이 강한 전술 병서이다.
　36계와 관련된 해설서와 여러 가지 학술들이 쏟아져 나오고 있다. 학자마다 보는 관점에 따라 해석의 차이가 있어 제대로 그 뜻을 파악하는 일 또한 쉽지 않다. 하지만 그 내용이 간단명료하게 상황에 따른 전술적 책략을 구분하고 있으며 일종의 작전 매뉴얼과도 같은 통속성을 지니고 있어 21세기인 현재에도 중국 사람들이 일상생활과 비즈니스에서 널리 사용하고 있다.

　중국 사람들이 사용하는 36계 전략을 잘 이해하여 중국과의 비즈니스 협상 시 대응 전략을 구사하여야 한다.

36계는 6개 범주의 전략 승전계(胜战计), 적전계(敌战计), 공전계(功战计), 혼전계(混战计), 병전계(併战计), 패전계(败战计)로 구성되어 있으며, 각 범주마다 6개의 전술로 구성되어 있어 36계라고 한다. 6개의 범주는 상황에 따라 구사하는 전략으로 앞의 세 개는 아군이 우세할 때, 뒤의 세 개는 아군이 불리할 때 쓰는 전략으로 구성되어 있다.

〈36계의 전략의 특징〉

전략	특징	상황	비고
승전계(胜战记)	우세전략	전략적 절대 우세 시	
적전계(敌战计)	방어전략	방어가 최선일 때	
공전계(功战计)	공격전략	선제공격이 유리할 때	
혼전계(混战计)	혼전전략	난투전의 형세 시	
병전계(併战计)	합병전략	분투/합병	
패전계(败战计)	패전략	패색이 짙을 때	

승전계

상대방보다 우위적인 위치를 확보하기 위해 사용하는 전략이다(싸우면 이겨야 한다).

제1계: 만천과해(瞒天过海) – 하늘을 가리고 바다를 건넌다.

속임수의 전략으로 중국과의 비즈니스 협상에서 기만전술에 해당한다. 자신의 능력을 부풀리고 과대 포장하거나 가짜 정보를 고의로 흘리거나 상대방의 약점을 과도하게 지적하는 등 여러 가지 기만적 전술을 사용하여 상대방으로부터 양보를 획득하고 목적을 달성하는 전략이다.

중국 비즈니스 협상 시 거짓 정보나 과장된 정보에 현혹되지 않으려면 객관적 사실 정보에 입각하여 그 진위 여부의 판단이 중요하다.

제2계: 위위구조(围魏救赵) – 위나라를 포위하여 조나라를 구한다.

정공법이 아닌 우회 전술로, 화력이 집중된 곳을 피하고 취약한 곳을 공격하거나 적의 주의력을 분산시켜 공격하는 전술인데 비즈니스 협상에서는 자신의 약점을 최대한 숨기고 상대방의 약점을 최대한 노출시켜 협상에 유리한 방향으로 이끌어 가는 전술이다.

제3계: 차도살인(借刀杀人) – 남의 칼을 빌려 적을 잡는다.

적의 내부를 혼란케 하여 스스로 무너지게 하거나 제삼자를 이용하여 싸우게 하는 전술로 비즈니스 협상에서는 제삼자와의 비교 전략을 통하여 자사의 경쟁력 등을 강조하여 협상을 유리하게 만드는 전략이다. 상대방도 이런 계략을 쓰고 있다는 것을 인지하고 말려들지 않도록 주의해야 한다.

제4계: 이대일로(以逸待劳) – 적이 지칠 때까지 기다렸다가 싸운다.

적이 지칠 때까지 기다렸다가 싸운다는 뜻으로 원래 『손자병법』에 기술되어 있는 구절인데 현재 비즈니스 협상에도 많이 사용된다.

협상 상대방이 지칠 때까지 기다리도록 하여 피곤이 극에 달했을 때 자기가 원하고자 하는 것을 얻어내는 전략으로 중국 사람들이 비즈니스 협상에 가장 많이 사용하는 전략 전술 중 하나이다. 중국과의 비즈니스 협상 시 충분한 시간을 가지고 여유 있게 협상을 진행해야 좋은 성과를 얻을 수 있다.

제5계: 진화타겁(趁火打劫) – 불난 틈을 타서 도둑질을 한다.

상대방의 위기를 틈타서 공격한다는 것으로 비즈니스 협상 시에 협상 상대방이 약점을 보이거나 열세적 상황에 놓여 있을 때, 상대방의 열세적 상황과 약점을 도출시키고 양보를 획득하여 목적을 달성하는 전략이다. 또한 협상 타이밍과 밀접한 관련이 있다. 상대방의 회사가 어려움에 직면하여 새로운 돌파구를 찾고자 할 경우, 최적의 타이밍이다. 상대방에서 절대적으로 필요로 할 때를 잘 기다렸다가 서로 윈윈할 수 있는 전략을 구사하는 전술로 볼 수 있다.

제6계: 성동격서(声东击西) – 동쪽에서 소리 지르고 서쪽을 격파한다.

협상 이론의 미끼 전략과 유사한 것으로 '위위구조' 전술과 일맥상통하는 부분이 있는 전략이다. 관심을 다른 곳으로 잠시 이동하여 주의력을 분산시키고 자사의 목표를 제기하여 협상 상대방으로부터 양보를 얻어낼 때 사용하는 전략이다. 성동격서 전략은 중국 비즈니스에서 자주 볼 수 있는 전략 중 하나이다.

적전계

서로 호각지세의 형세에서 방어적, 수비적으로 구사하는 전략(적을 기만하라)이다.

제7계: 무중생유(无中生有) – 무에서 유를 창조한다.

진실과 거짓 정보를 동시에 흘려 적의 실책을 유도하는 것으로 협상에서 정보 획득 등을 통하여 상대방을 이해하고 상대방으로부터 설득을 이끌어 내는 것으로 무에서 유를 창조하는 것과 같다. 특히 정보 획득 시 거짓 유무를 잘 살펴봐야 한다. 협상 시 정보 획득의 중요성이 강조되는 대목이다.

제8계: 암도진창(暗渡陈仓) - 몰래 진창을 건넌다.

일반적으로 적의 허를 찔러 허술한 곳을 공격하는 전술인데 정공법이 아닌 우회 전술의 일종이다. 이때 적이 우회를 눈치채지 못하게 하여야 한다. 비즈니스 협상 시에도 상대방이 미처 예측하지 못한 정보들을 가지고 협상에 유리하도록 준비해야 한다.

중국 사람들은 가격 협상 시 반드시 세 군데 이상의 견적을 받아서 서로 비교하여 협상 상대로부터 경쟁을 유도하여 협상의 목적을 달성하려고 한다. 보통 화비삼가(貨比三家)라고 하는데 서로 경쟁하게 만들어서 최대한의 이익을 받아내는 전략으로 암도진창의 한 전략이라고 볼 수 있다. 특히 중국 협상가들이 많이 사용하는 비즈니스 전술이다.

제9계: 격안관화(隔岸观火) - 적의 위기를 강 건너 불 보듯이 한다.

남의 싸움에 말려들지 않겠다는 것인데 한발 떨어져 냉철히 상황을 판단하는 전략이다. 비즈니스 협상에서 상황 전개가 순조롭지 않으면 일단 한 걸음 뒤로 물러나 전체적인 상황을 판단하여 협상에 임하는 전략이다. 협상 타이밍의 중요성을 강조하고 있다. '진화타겁'의 반대 개념이지만 일맥상통한다.

제10계: 소리장도(笑里藏刀) - 웃음 속에 칼이 숨어 있다.

부드러운 외면에 강한 내면을 숨기는 것인데, 비즈니스 협상 시에 가장 중요한 태도와 관련이 있다. 비즈니스 협상 중 일련의 과정에서 항상 의연함과 웃음을 잃지 않고 협상에 임해야 한다. 표정을 함부로 드러내어 협상에 오류를 범하는 일이 없도록 해야 한다. 또한 비즈니스 협상 중 웃음에 가려진 상대방의 숨은 의도를 잘 파악하여야 한다.

제11계: 이대도강(李代桃僵) – 복숭아나무 대신 자두나무를 희생한다.

작은 것은 희생하고 큰 것을 얻는 전략인데, 소탐대실하면 안 된다. 비즈니스 협상 중에서 양보할 것은 양보하고 얻을 것은 얻어내야 하는 전략으로 큰 것을 살리기 위해 작은 것을 희생하는 양보할 때의 전략 전술 중 하나라고 할 수 있다.

제12계: 순수견양(順手牽羊) – 기회를 틈타 슬쩍 양을 끌고 간다.

예상하지 못한 수익이 챙기는 전략으로 협상 상대 팀으로부터 틈이 발생하면 작은 이득이나 작은 기회라도 챙기는 전술이다. 역으로 상대 협상팀으로부터 그 틈을 유도하여 협상 목적을 달성하는 전술로 사용하기도 한다. 티끌 모아 태산이다. 작은 이익에도 소홀함이 없도록 전략을 잘 구성하여야 한다.

공전계

공격적 전략(미끼를 놓아 유인하라)이다.

제13계: 타초경사(打草惊蛇) – 풀을 두들겨 뱀을 놀라게 한다.

적의 숨은 뜻을 알아내고자 할 때 사용하는 전술로 상대방의 의도 및 목적 파악이 힘들 때는 다른 곳을 두드려 협상 상대 팀의 의도를 파악하고 분석해야 하는 전술이다. 비즈니스 협상 시에는 제삼자를 통하거나 협상 테이블에서 질문 등을 통하여 상대방의 의도 및 목적을 파악해야 한다.

제14계: 차시환혼(借尸还魂) - 시신을 빌려 혼을 살린다.

필요 없다고 생각되는 것을 빌려서 목적에 이용하는 전술로서 비즈니스 협상 시 사용 가능한 모든 자원을 사용하여 자사에 유리한 쪽으로 협상을 이끌어 가는 전략이다. 소용이 없다고 판단되는 모든 것에도 다시 주의를 기울여 활용할 수 있는 방안을 적극적으로 찾아내어 협상에 임하는 전략이다. 비즈니스 협상에 필요한 모든 것을 활용하여 적극적으로 대처하여야 한다.

제15계: 조호리산(调虎离山) - 호랑이를 유인하여 산을 떠나게 한다.

협상 대상을 현재의 유리한 상황 및 공간에서 불리한 상황 및 공간으로 끌어낸 뒤 공격하는 계책으로 상황적인 측면과 공간적인 측면을 강조하고 있다.

상황적으로 불리할 때는 자사가 유리할 상황을 만들거나 기회를 포착하여야 한다.

공간 설정 역시도 상대방의 회사에서 협상을 할 것인지, 제3의 장소, 혹은 자사 사무실에서 할 것인지, 협상에 유리한 상황 및 공간 설정을 하는 전략이다. 스포츠 경기에서도 홈그라운드의 이점이 있듯이 비즈니스 협상에서도 공간의 선택은 아주 중요한 역할을 한다. 비공식적 자리에서의 협상이나 협상 중 브레이크 타임을 이용하여 상대방에게 긴장을 풀게 하고 협상에 유리하도록 전술적 책략을 꾀하는 것이다. 다만, 비공식적 협상 테이블에서도 긴장을 풀지 않도록 주의하여야 한다. 여기에 잘못 말려들면 후에 난처한 입장에 처할 수 있게 되므로 협상 장소 밖에서의 협상 역시 굉장히 중요하다.

제16계: 욕금고종(欲擒故纵) - 큰 이득을 위해 작은 것은 과감히 포기한다.

욕금고종은 『도덕경』에 나온 내용으로 상대방의 마음을 잡으려면 먼저 베풀라는 의미로 Give & Take 전략이다. 상대방의 마음을 얻기 위해 먼저 양보하라는 의미로 비즈니스 협상에서도 큰 이득을 위해 사소한 것을 양보하거나 포기하는 전략이다.

제17계: 포전인옥(抛砖引玉) - 기와를 포기하고 옥을 얻어낸다.

작은 이익을 내주고 큰 이익을 도모한다는 의미로 '욕금고종'과 비슷한 맥락으로 사용되는 전술이다. 욕금고종은 나 자신이 손해를 감수하는 측면이 강하고, 포전인옥은 나 자신의 손해보다는 상대방의 작은 이익을 고려한다는 차이가 있다.

비즈니스 협상에서는 상대방의 작은 이익이라도 적극적으로 도출하여 협상에 전략적으로 임하는 전술이다.

제18계: 금적금왕(擒贼擒王) - 적을 잡으려면 우두머리부터 잡아라.

적의 중추 세력을 공격하여 적을 와해시키는 전략으로 비즈니스 협상 시에 협상의 결정권자가 누구인지 잘 파악하여 결정권자의 의도 및 목적을 간파하고 그에 맞게 전략을 구사하여야 한다.

또한 협상 실무 담당자가 협상에 부정적이거나 소극적일 때 협상의 결정권자와의 소통을 통해 협상에 유리하도록 전개하는 전략이다. 그런데 이 전략은 협상 실무 담당자에게 불이익이 되거나 좋지 않은 결과가 생기지 않도록 특별히 세심한 주의가 필요하다.

혼전계

혼전이 거듭되고 있을 때의 전략(상황에 따라 진퇴)이다.

제19계: 부저신추(釜底抽薪) - 솥 밑에서 장작을 빼낸다.

끓고 있는 솥에 찬물을 섣불리 붓는 것보다 장작을 빼내는 것이 효과적이라는 의미인데, 적을 직접 공격하기보다는 보급로를 차단하라는 뜻으로 쓰인다. 비즈니스 협상에서는 비즈니스가 혼전을 거듭하고 있을 때 직접적으로 문제를 풀려고 하지 말고, '상대방의 약점이 무엇인지?' 혹은 '문제 발생의 원인이 무엇인지?' 등 협상 장애의 근본 요인을 잘 찾아내어 제어하고 협상을 구사하는 전략이다.

제20계: 혼수모어(混水摸鱼) - 물을 흐려 놓고 물고기를 잡는다.

상대방을 혼란에 빠트려서 세력을 약화시킨 다음 대응하는 전략으로 비즈니스 협상 시에 여러 가지 정보를 복합적으로 흘려 협상 상대방의 판단력을 흐려 놓고 협상에 유리하도록 이끌어 가는 전략이다. 상대방이 전문적인 정보나 지식을 가지고 있을 때 이 전략을 사용하면 낭패를 보기가 쉽다. 상대방이 전문적인 정보나 지식에서 많이 없을 때 여러 가지를 제시하여 판단력을 흐리게 하여 전략적으로 협상에 유리하도록 이끌어 가는 전술이다.

제21계: 금선탈각(金蝉脱壳) - 매미가 허물을 벗다.

나방이 애벌레로부터 나올 때, 껍질에서 몸뚱이만 쏙 빠져나와 날아가는 모습에서 유래한 전술로 적군이 압도적으로 강할 때 일시적으로 후퇴하여 재정비하여 적에게 대항하는 전략으로 적의 추격을 피해서 안전하게 철수하는 전략이다. 비즈니스 협상 상황이 자사에 불리하게 전개될 때는 일보 후퇴하여 다시 재정비하고 재협상의 기회를 만드는 전략이다. 하지만 물러설 때 대의명분을 가지고 재협상의 여지를 남겨 두어야 한다. 전화위복의 기회를 만들어야 한다.

제22계: 관문착적(关文捉贼) - 문을 잠그고 도둑을 잡는다.

다른 적과 내통하거나 제휴할 기회를 원천적으로 봉쇄해서 적을 제압하는 전략이다. 협상 상대방이 약점을 보이거나 합리적이지 않고 부당할 때는 합목적성에 어긋나는 것을 적극적으로 도출시키고 빠져나갈 구멍을 최대한 봉쇄해서 협상에 유리하도록 이끌어 가야 한다. 섣불리 이 계략을 사용하면 쥐가 궁지에 몰리면 고양이를 무는 결과를 초래할 수 있기 때문에 상황을 잘 판단하여 전략을 구사하여야 한다.

제23계: 원교근공(远交近攻) - 먼 곳과 제휴하고 가까운 곳을 공격한다.

먼 나라와 가까이 지내고, 가까이 있는 나라를 공격한다는 의미인데 특정 국면을 묘사하기보다는 일의 진행 과정을 설명하는 동적인 개념이다. 일반적으로 비즈니스 협상에서는 직접 상대방을 공략하기보다는 기존 실적이나 다른 거래처 등을 이용하여 자신이 가지고 있는 가치나 신뢰도를 더 높여 상대방에게 더 좋은 협상 결과를 도출해 낼 수 있도록 하는 전략이다.

제24계: 가도벌괵(假道伐虢) – 기회를 빌미로 세력을 확장시킨다.

다른 나라의 길을 빌려 괵나라를 친다는 의미로 자신의 속셈을 감춘 채 적을 공략하는 전술이다.

권모술수의 대표적인 전술로 우리 속담에 '눈 감으면 코 베어 간다'에 해당하는데 비즈니스 협상 시에 상대방의 숨은 의도 및 목적을 잘 파악해야 한다. 역으로 섣불리 행했다가는 오히려 역효과를 볼 수 있으므로 특히 주의해야 한다.

병전계

합병 전략(적의 세력을 약화시켜라)에 해당한다.

제25계: 투량환주(偸樑換柱) – 대들보를 훔치고 기둥을 바꾼다.

적의 핵심급소를 은밀히 공격해 승리를 이끌어 내는 계책으로 "진영을 자주 바꾸고, 그 중추를 공격하여 스스로 패하기를 기다린 뒤에 그 틈을 타서 바퀴를 끌고 온다(頻更其阵, 抽其劲旅, 待其自败, 而后乘之, 曳其轮也)"라는 해설이 덧붙여져 있다. 목표, 목적은 그대로 두고 내용이나 본질을 바꾸어 놓음으로써 승리를 취하는 전략이다.

비즈니스 협상에서 목표는 그대로 가지고 가면서 세부적인 내용을 수정하는 전략으로, 그 결과는 같지만 당장 눈앞의 차별만을 아는 '조삼모사' 전략과 일맥상통하는 부분이 있다. 간사한 꾀를 써서 협상에 유리하도록 이끌어 가는 전략이다.

제26계: 지상매괴(指桑骂槐) - 뽕나무를 가리키며 홰나무를 욕한다.

열세적인 적을 제압할 때 쓰는 전술로 직접적인 비난이 곤란한 경우 제삼자에 빗대어 우회적으로 비난을 하는 것으로 간접적으로 상대방을 비난하는 전략이다. 비즈니스 협상 시 은연중에 상대방에게 경고하는 수법으로 사용되는 계책으로 절대적 우위에 있을 때 사용하여야 그 효과가 있다. 하지만 어떠한 상황에서도 반드시 상대방을 배려하고 존중하는 자세를 지켜야 한다.

제27계: 가치부전(假痴不癲) - 어리석은 척하되 미친 척은 하지 마라.

국면을 전환시킬 때 사용하는 전술로 자신의 능력을 감추고 때를 기다렸다가 상대방의 빈틈을 틈타 적을 공략하는 전략이다. 중국인들은 도가의 영향으로 자신의 능력을 감추고 바보인 척 살아가는 처세술을 좋아한다. 비즈니스 협상 시 때로는 너무 똑똑해 보이는 것보다는 어리숙해 보이는 것도 필요하다. 잘나고 똑똑한 사람은 경계의 대상이 되기 쉽다. 역발상의 처세술로 때로는 어리숙해 보이는 것도 협상에서 더 좋은 결과를 얻어 낼 수 있다.

제28계: 상옥추제(上屋抽梯) - 지붕으로 유인한 뒤 사다리를 치운다.

상대방을 유인해서 함정에 빠뜨리는 전략으로 아군에게는 배수진과 같은 맥락이다.

비즈니스 협상에서 자사의 허점이나 약점을 보여 상대방이 유리한 상황에 있는 것처럼 착각하게 만들어 협상을 유리하게 이끌어 가는 전략이다. 자사의 약점과 상대방의 장점을 잘 보완하여 서로 윈윈할 수 있는 전술로 이용해야 하는데 너무 일방적이지 않게 전략을 구사해야 한다.

제29계: 수상개화(树上开花) – 나무에 꽃이 피게 한다.

나무에 마치 꽃이 핀 것처럼 보이게 하여 허장성세로 국면을 전환시키는 책략이다. 아군이 약세에 있을 때 자신의 약점을 숨기고 장점을 최대한 극대화시켜 협상에 유리하도록 할 때 사용하는 전략이다. 비즈니스 협상 시 자주 사용되는 계책이므로 수상개화의 계책에 빠지지 않도록 상대방의 능력이나 수준 등 진위를 잘 파악해야 한다.

제30계: 반객위주(反客为主) – 객이 주인 노릇을 한다.

주객이 전도된다는 뜻으로 피동에서 주동으로 국면을 전환시켜 주도권을 장악하는 계책이다. 비즈니스 협상 시 상대방이 적극적으로 자사의 요구를 수용할 의사가 있고, 협상에 진취적 모습을 보일 때 자사에서 더 적극적으로 상대방을 설득하고, 요구 조건을 제시하여 협상에 유리하도록 유도하는 전략이다. 그렇지만 과유불급이다. 지나치면 오히려 역효과를 불러올 수가 있다. 그래서 그 정도를 잘 조절해서 상대방과 서로 윈윈할 수 있어야 하고 항상 상대방을 배려하고 이해하여야 한다.

패전계

패색이 짙을 때 사용하는 전략(전화위복의 계기)이다.

제31계: 미인계(美人计) – 미인을 미끼로 적을 교란한다.

미인을 미끼로 적을 유혹하여 유인하는 계책으로 현대의 비즈니스 협상 시에는 미인이 다른 선물이나 호의 등으로 대체하여 설명할 수 있다. 협상 상대방이 좋아하는 것이 무엇이며, 관심 있어 하는 것이 무엇인지를 잘 파악하여 상대방에게 제공하는 전략으로 상대방의 마음을 얻으면 협상의 절반을 얻은 것이나 다름없다.

제32계: 공성계(空城計) - 빈 성으로 유인해 적을 미궁에 빠뜨린다.

허장성세의 역발상으로 아군의 전력이 열세적 상황에서 상대방의 판단을 흐리게 하는 행동을 보여 줌으로써 적으로 하여금 의혹을 품어 쉽게 공격하지 못하도록 하는 전략이다.

자신의 약한 모습을 보여서 상대방에게 허와 실의 의심을 증폭시켜 어려운 상황을 돌파하는 책략이다. 비즈니스 협상 시 침묵전술도 공성계의 일환이 될 수 있다. 협상 상대의 판단을 흐리게 하여 협상에 유리한 방향으로 이끌어 가는 전략으로 역으로 위험 요소가 큰 까닭에 상대방의 심리 등을 잘 파악하여 구사해야 한다.

제33계: 반간계(反间计) - 적의 첩자를 역이용한다.

상대방의 첩보망 통해 얻은 정보를 역이용하여 활용하는 계책으로 비즈니스 협상에서는 상대방의 정보를 얻는 데 아주 필요한 전략이다. 협상 상대방의 첩보망을 통해 협상에 관한 정보를 먼저 입수하고 전략적으로 사용을 해야 한다. 그렇지만 그 정보가 거짓 정보가 아닌지 면밀히 검토해야 하고 특히 불법적인 방법으로 상대방의 정보를 빼내 오면 안 된다. 후일 큰 낭패를 볼 수가 있다. 지피지기 백전불태의 전략이다.

제34계: 고육계(苦肉計) – 상대방으로부터 신뢰를 얻기 위해 스스로를 해치게 한다.

아군이 절대적으로 열세에 있을 때 마지막으로 쓰는 전략으로 일반적으로 고육지책이라고 한다. 비즈니스에서는 협상이 결렬되는 상황에 이르렀을 때 자기 자신에게서 협상 장애의 근본 원인을 찾아내고 잘못된 점을 파악하여 다른 대안을 만들어 재협상의 자리를 만드는 전략이다.

제35계: 연환계(连环計) – 여러 가지 책략을 연결시킨다.

삼국지 적벽대전에서 유비와 손권의 연합군이 펼친 전략으로 조조가 패한 결정적인 계책으로 많이 회자되고 있는 전술이다. 배를 서로 묶어 놓고 화공전을 펼쳐서 상대를 무너뜨리는 전략인데, 비즈니스 협상 시에 상대방의 세력이 강해서 약점이 보이지 않을 때 여러 가지 사안들을 종합적으로 한데 묶어 모순점과 약점을 찾아내어 그 부분을 집중적으로 공략하여 협상에 유리하도록 이끌어 가는 전략이다. 또한 동일한 사안에 대한 여러 가지 책략을 동시에 사용함으로써 시너지 효과를 극대화시키는 전략이기도 하다.

제36계: 주위상(走为上) – 달아나는 것이 상책이다.

아군이 도저히 이길 수 없는 패전의 형국에 달했을 때 최상의 방안으로 달아났다가 후일을 도모하는 전략이다. 비즈니스 협상에서도 협상이 결렬될 때 꼭 필요한 전략이다. 일단 승산이 없으면 뒤로 한 발짝 물러서 시간적 여유를 벌면서 다시 협상을 준비하고 재협상의 기회를 잡아야 한다.

중국인들은 협상 시 한 가지 전략을 사용하는 것이 아니라 여러 가지 전술을 혼합적으로 사용하여 상황에 따라 적절하게 구사하는 것이 몸에 배어 있다. 우리도 중국 사람의 비즈니스 전술을 잘 이해하고 역으로 우리가 이 전술을 잘 구사함으로써 중국과의 비즈니스 협상에서 우위를 점할 수 있어야 한다.

Chapter 7.

중국 비즈니스 협상 실무 전략

7-1. 비즈니스 협상 준비 단계(1단계)
7-2. 비즈니스 협상 진행 단계(2단계)
7-3. 비즈니스 협상 마무리 단계(3단계)
7-4. 비즈니스 협상 실무 10대 전략

중국 비즈니스 협상은 협상 상대방의 선정부터 시작해서 협상장에서 상호 정보를 공유하고 여러 가지 과정을 거쳐 최종적으로 합의안이 도출되는 일련의 과정이다.

일련의 과정은 통상 3단계의 과정을 거쳐 진행되는데 비즈니스 협상 준비 단계, 진행 단계, 마무리(타결 및 실행) 단계로 나눌 수 있다. 협상 단계별 전략을 잘 구사하여야 만족할 만한 협상의 결과를 도출할 수 있다.

7-1   비즈니스 협상 준비 단계(1단계)

  비즈니스 협상에 있어서 협상을 준비하지 않는 것은 협상의 실패를 준비하는 것과 같다. 협상의 준비 과정은 그만큼 중요하며 협상 결과에 가장 큰 영향을 미친다고 볼 수 있다.

  협상의 준비 단계에서는 협상 파트너를 선정하고, 협상팀을 구성하며, 관련 정보를 수집, 협상 전략을 준비하고, 사전 협의를 하며, 아울러 꽌시를 쌓아 상대방의 신뢰를 획득하기 위한 노력을 해야 한다.

  『손자병법(孙子兵法)』「형편(形篇)」에도 "승리하는 군대는 항상 승리의 유리한 조건을 만든 후에야 적과 전쟁을 모색한다(胜兵先胜而后求战)"라고 역설한 것처럼, 협상에 있어서 사전 준비가 얼마나 중요한지를 알 수 있다.

  협상 준비 단계에서 필요한 준비사항(체크리스트 사항)은 다음과 같다.

7-1-1. 정보 획득

  협상에 필요한 기본 정보 및 제약 조건 등 여러 가지 정보의 파악이 필요하다.

협상 상대방 회사 정보

협상 전 협상 상대방 회사의 기본 정보인 회사 규모, 자본금 규모, 운영 재무 현황, 기업 문화, 의사결정 방식, 회사 운영 모토, 기업의 조직 형태, 경영 전략 등 각종 자료를 통하여 정보를 획득하여야 한다. 상대방의 정보를 최대한 많이 수집, 확보하여 이를 바탕으로 협상 전략을 수립하여야 한다.

인터넷 등을 통한 문헌 조사가 가능한데 협상 대상 기업의 홈페이지, 중국 국가시장관리감독총국 홈페이지[10] 혹은 중국 최대 포털사이트인 바이두 아이치차(Baidu aiqicha)[11]에서 기업의 신용 자료 등을 검색할 수 있어 기초 자료로 활용이 가능하다. 또한 각 지역 코트라, 컨설팅회사, 로펌, 세무법인 등을 통한 사전 문헌조사가 가능하며 필요에 따라 협상 전 상대방 회사를 방문하여 현장 조사를 하는 것도 좋은 방법이다.

협상 상대팀원 정보

협상 상대방 인원의 기본 정보인 성향, 성격, 지위, 전문성 등의 정보를 미리 획득하여야 한다. 협상 대상자의 유형에 따른 전략 구사로 판시가 작용할 수 있다. 상대방 협상자의 전공, 취미, 출신, 관심사 등을 파악하여 공통점을 확인하고 이를 화제로 우호적 분위기를 고취시켜야 한다.

---

10) 국가시장관리감독총국(国家市场监管总局): http://www.samr.gov.cn/
11) 바이두 아이치차(百度爱企查): https://aiqicha.baidu.com/

협상 대상자는 누가 실무 담당자인지, 누가 책임자인지 그 맥을 찾아야 한다. 또한 협상 파트너의 개인적 성향(스타일)이 주도적인지 개방적인지 분석적인지 우호적인지 먼저 인식하는 게 가장 중요하다. 사람마다 성격이 다르고 협상의 과정도 다를 수 있다. 성격이 급한 사람, 느긋한 사람, 직선적인 사람, 곡선적인 사람, 협상은 어떤 목적을 두고 사람과 사람이 만나서 해결해 나가고 그 목적을 달성하는 데 있는 것이다. 그래서 협상 파트너의 성향을 읽는 게 중요하고 그 다양성에 적응하는 협상 전략을 구사해야 한다. 협상 테이블에 앉기 전에 미리 협상 상대의 스타일, 경험, 상황, 지위 등을 분석해 놓고 협상에 임해야 한다.

협상안(案)에 대한 법률, 법규 및 규정 정보

제도적 제약으로 중국의 법령, 법규, 규칙, 관행, 환경, 규제, 재원의 한계 등이 있으며 중국은 사회주의 국가의 특성상 법률적 제약이 따르는 경우가 많다. 법률적으로 법규상 제약이나 문제점이 없는지 파악해야 한다.

협상 상대방의 경제적 현황 및 시간적 유효성

상대방의 경쟁 상황, 시장 현황 및 전망, 고객, 기술, 시간적 제약 등의 정보 파악이 중요하다. 특히 발 빠르게 변하고 있는 현재의 시장, 특히 4차 산업혁명으로 인해 시장의 변화가 속도전을 펼치고 있다. 그래서 시장 현황 파악 및 시간적 유효성을 잘 파악해야 한다.

협상 상대방의 문화, 목표, 특정 이슈 등의 정보

중국 문화적 관습, 상대방의 협상 목표, 특정 이슈 등의 정보를 파악해야 한다. 상대방의 문화적 습관, 관습 등을 잘 이해하지 못해 범할 수 있는 여러 가지 협상 장애 요인들은 잘 파악하여야 한다. 한국인이 생각하는 것과 다름을 인식하고 중국 문화 및 특정 이슈 등을 잘 이해하여 협상 실무에서 실수를 하지 않도록 노력하여야 한다.

7-1-2. 목표 설정

목표 설정을 위해서는 지피지기 백전불태 전략, 즉 먼저 상대방의 목표가 무엇인지를 잘 이해하고 자신의 목표 기준점(마지노선과 사인가능선)을 설정하여 서로에게 이익이 되는, 즉 바람직한 결과 도출을 위한 목표점(거래성사지점 및 거래결렬지점을 통한 합의유보지점)을 설정하여야 한다.

7-1-3. 협상 상대방의 욕구 파악

상대방의 요구(Needs)가 아닌 욕구(Wants)를 파악해야 한다.

예를 들어서 어떤 환자가 등이 가려워 약국을 찾아갔다. 이때 약사는 환자의 요구와 욕구를 파악해야 한다.

환자가 "등이 가려우니 바르는 약을 하나 주세요"라고 했고 약사가 연고를 하나 주었다고 가정하자. 그럼 이 협상은 여기서 끝나 버린다. 상대방의 요구만 해결해 줌으로써 더 이상의 협상은 진전이 되지 않는다. 그런데 약사가 "어디 한번 보시죠. 이럴 때는 바르는 약도 좋지만 먹는 약을 같이 복용해야 재발도 되지 않으며 완전히 나을 수가 있습니다"라고 했다고 가정하면 이 약사는 손님, 즉 상대방의 요구가 아닌 욕구를 파악함으로써 더 큰 이익을 가져왔으며 또한 상대방에게도 완전히 치료할 수 있는 새로운 방법을 제시함으로써 두 사람 모두 윈윈할 수 있는 전략을 구사하였다.

비즈니스 협상에서도 마찬가지이다. 상대방의 요구를 뛰어넘어 상대방이 정말 원하는 곳이 어딘지를 잘 찾아내어 가려운 곳을 긁어 줌으로써 요구가 아닌 욕구를 찾아내 성공적인 비즈니스 협상을 도출해야 한다.

7-1-4. 기준 설정

협상에 들어갈 때 앵커링 효과에 따른 기준점 설정이 중요하다. 비즈니스 파트너와 가격 협상을 할 때도 먼저 가격 제시를 하는 사람에게 유리한 방향으로 조율될 가능성이 높다. 먼저 제시한 협상 가격이 기준이 되기 때문에 일부러 더 높은 가격을 불러서 상대방을 자극하는 방식이다. 상대방은 손해 보지 않는 장사를 하려고 높게 책정된 가격을 깎아서 비즈니스를 진행하게 된다.

7-1-5. 대안 설정

대안을 설정할 때에는 협상 진행 과정에 필요한 대안과 협상 결렬 시 대안, 이 두 가지를 설정해야 한다.

협상이 진행되는 과정에서 발생할 수 있는 문제에 대해서 대안(Plan B)을 제출해야 하고, 협상 결렬 단계에 와서 BATNA 전략[12]을 구사해야 하는데 BATNA 전략을 사용하지 않고 협상 결과를 도출하는 것이 최상의 방법이다.

7-1-6. 원칙 설정

누가(Who), 언제(When), 어디서(Where), 무엇을(What) 어떻게(How)에 따라 원칙을 설정해야 한다.

Who

누가 협상에 참여할 것인가, 누가 직접 협상에 임할 것인가, 최종 의사결정은 누가 할 것인가를 사전에 합의해 놓아야 한다.

보통 중국에서 협상에 들어가 보면 생각보다 많은 사람이 협상에 참여하는 것을 볼 수 있다. 부문별 협의를 위해서이기도 하지만 사회주의 국가의 특성상 책임을 지기 싫어하기 때문에 여러 사람이 공동으로 이해관계를 확인하려는 경향이 짙다. 종종 최종 결정권자가 모호한 경우가 있기도 하다. 일반적으로 중국 대학 MBA과정 협상학에서는 개인 혼자 협상에 임하는 것보다는 팀을 이루어 최소 3명에서 최대 8명까지가 가장 적당하다고 한다.

---

[12] BATNA(Best Alternative To a Negotiated Agreement)는 비즈니스 협상에서 합의가 이루어지지 않을 경우 협상당사자가 취하게 될 다른 대안을 의미한다.

자사의 협상팀은 주요 기능을 고려해서 구성하며 협상을 총괄하는 팀장, 마케팅, 법무, 재무, 환경, 생산, 기술, 인사관리 등의 기능이 포함된 인원이어야 한다. 최고경영자가 협상팀에 직접 참여할 것인지 또는 실무자 중심의 협상팀을 구성할 것인지 여부는 서로 장단점이 있으므로 프로젝트의 중요성, 규모, 신속한 의사결정, 상대방 협상 팀장의 직위 등에 따라 판단하여 정한다.

중국과의 비즈니스 협상팀 구성에서 또 하나 간과해서 안 될 구성원이 통역원이다. 통역이 잘못되어 협상이 결렬되는 경우가 왕왕 발생하므로 통역원을 통한 자사의 여러 가지 정보 등을 미리 공유하고 협상 전, 리허설 과정을 꼭 거쳐야 한다. 중국 비즈니스 협상 시 통역원은 한국어와 중국어에 능통할 뿐만 아니라 협상 안건에 대해서도 전문적인 식견과 지식을 가지고 있어 협상 내용을 잘 전달할 수 있도록 사전 준비를 철저히 해야 한다. 반드시 문서로 작성하여 준비하고 전문용어 등을 숙지하고 협상 실무자와 완벽하게 한 팀을 이루어 협상 진행을 해야 한다.

협상 당사자가 중국어를 잘하더라도 통역을 통해 협상을 진행하는 것이 좋다. 통역 시간을 이용하여 대응 전략을 모색하고 상황을 판단하여 대처할 수 있는 완충제의 역할을 할 수 있다.

When

협상 전 고려해야 할 시간적 요소에는 첫 번째, 협상 개시 일시, 두 번째, 협상 회합의 길이, 세 번째, 협상 시한 등이 있다.

① 협상 개시 일시: 시간 약속은 월요일이 좋으면 협상 테이블에 마주 앉는 시간은 화요일, 수요일, 목요일이 상대적으로 좋다.
② 협상의 베스트 타임: 화, 수, 목 오전 10시 혹은 오후 2시 이후 (중국은 점심 취침 시간이 있고, 월요일은 주일의 시작이라 꺼린다)가 좋다.
③ 협상 시간의 길이는 3시간 정도가 적당하다.
④ 협상 시한: 자신의 마감 시간을 드러내지 마라.
⑤ 협상 타이밍: 서로가 필요한 적절한 타이밍 선정이 비즈니스 협상에서는 무엇보다도 중요하다.
⑥ 시간의 제한성, 수량의 희소성: 빨리 결정하지 않으면 손해 볼 것 같은 '긴박한 상황'을 연출해 협상 상대방으로 행동 변화를 꾀하는 것도 좋은 방법이다. 하지만 반대로 시간 제약의 협박에 밀리지 말아야 한다.

Where

협상 공간의 결정은 협상 결과에 영향을 미치는 중요한 요소 중의 하나로 중국에서 협상 장소의 선택은 두 협상 측의 사무실 중에서 결정되는 것이 일반적이다. 때로는 제삼의 장소, 예를 들면 어떤 중립적 위치에 있는 법률회계 사무소, 중재자의 사무실 등이 선택되기도 하고 중국의 경우 중국 전통 차관이나 커피숍으로 결정되기도 한다.

중국에서 비즈니스를 진행하고 싶다면 회사 사무실에 꼭 다실(茶室)을 만들어라. 중국인들은 커피보다 차문화가 더 대중화되어 있다. 낯선 한국인이 중국 차문화에 대해서 어느 정도 이해를 하고 협상 진행에서

차(茶)를 이용하면 좋은 도구가 될 수 있다.

중국 말에 "밤에는 술을 마시면서 과거를 이야기하고 낮에는 차를 마시면서 미래를 이야기한다(晚上喝白酒谈过去 白天喝茶谈未来)"고 한다. 자회사에서 협상을 진행할 때는 회사의 다실에서 진행하게 된다면 더 자유스럽고 안락한 분위기에서 미래에 관하여 논의하면서 좋은 협상을 이끌어 갈 수 있을 것이다.

What
협상에 필요한 협상안을 잘 계획하고 설정하여야 한다.
우리 회사의 소개자료 및 각종 인증자료, 실적 및 MOU 등의 문서자료를 확실히 준비하면, 백 마디의 말이 필요 없다. 잘 짜여진, 일목요연한 협상안이 백 마디의 말을 대체할 수 있다. 그래야 협상 진행이 매끄럽다.

특히 중국은 중국 정책 당국자가 정책 문건을 통하여 상명하달하는 전달 방식을 견지한다. 그래서 중국 사람들은 문건을 통하여 정책을 결정하는 데 익숙해져 있다. 중국 사람들은 문서 작성에 강한 편이고 문서를 통하여 모든 협상 내용을 확인하려는 경향이 높다. 그래서 중국과의 비즈니스 협상에서 문서를 통한 협상 전략을 빼놓을 수 없다.

문서 작성 시에 내용의 선택에 각별히 주의해야 한다.
모호하거나 추상적이지 않게 현실적인 내용을 선택해야 하며 보편적이고 타당한 기준에서 합리성을 잃지 않도록 해야 한다. 특히 계약서나 협의서 등의 문서 작성 시 중국인 변호사나 세무사, 중국어 능통자 등을 통해 한 번 검증을 거치는 것이 좋으며 중국어, 영어, 한글 세 가지로 작성 가능하면 더 좋다.

내용은 효과적인 메시지 구성 및 표현 방식을 구사해야 한다. 갑과 을을 명시하여 갑이 해야 할 사항과 을이 해야 할 사항을 따로 명시하는 것이 좋으며 내용은 최대한 간략하게 서로 이해가 가능한 범위 내에서 작성을 하여야 하며 유효 시간을 기재함도 잊지 말아야 한다.

How

어떤 수단을 사용하여 어떻게 협상을 진행할지 상황에 잘 맞게 판단하여 결정하여야 한다, 이메일로 할 것인지, 전화로 할 것인지, 대면 미팅을 통하여 할 것인지, 아니면 비대면 화상으로 협상을 진행할 것인지 등을 판단하여 결정하는 것이 좋다. 특히 코로나 사태 이후로 많은 협상이 비대면으로 진행되고 있음도 간과하면 안 된다.

중국에서는 우리 한국에 많이 사용하는 화상회의 플랫폼 ZOOM 대신 WeCom(企业微信), DingTalk(钉钉), 腾讯会议 등 자국에서 개발한 화상회의 플랫폼을 많이 사용한다. 화상을 통한 협상 시에는 필히 중국의 화상회의 플랫폼 기능에 대해 숙지할 필요가 있으며 화상회의를 통한 협상 시에 발생할 수 있는 문제점에 대해서 미리 리허설을 거칠 필요가 있다.

7-1-7. 신뢰 확보

협상 전 협상 당사자 간의 신뢰 확보는 필수적 요건이다.

> 신뢰: 서로 간의 신뢰 구축
> → 싸우지 않고 얻어내면 최고 중의 최고다.

『손자병법』의 핵심은 경제적 관점에서 볼 때 싸우지 않고 이기는 것인데, 『손자병법』「모공편(謀攻篇)」에서도 "백전백승이 최상이 아니라 싸우지 않고 적을 굴복시키는 것이 최상이다(百战百胜 非善之善者也 不战而屈人之兵 善之善者也)"라고 전하고 있는 것으로 봐서 서로 간의 신뢰를 바탕으로 자신들이 원하는 이익을 창출할 수 있다면 최상일 것이다.

중국에서 비즈니스를 하기 위해서는 거래 상대방에게 신뢰도[13]를 심어 주는 것이 당연한 일이다. 이 신뢰를 쌓아 가는 과정 중에서 중요하게 생각해야 할 것이 내 자신이 절대 1-3단계로 상대방을 대하면 안

---

13) 신뢰도(관심도 5단계): 골드만삭스 자산운용 대표를 역임한 도키 다이스케가 『나는 왜 영업부터 배웠는가?』라는 책에서 제시한 비즈니스에 필요한 신뢰의 5단계이다.
   ① 무관심: 스팸 처리되는 단계, 즉 속된 말로 씹히는 단계
   ② 형식적 관심: '알았어. 한번 검토해 볼게' 등의 형식적인 단계로 무시는 하지 않는 단계
   ③ 피동적 관심: 한번 만나서 상대방의 의견을 들어 줄 정도의 단계, 비즈니스와 커뮤니케이션에는 문제가 없는 단계
   ④ 능동적 관심: 시간과 비용을 할애해서라도 진심 어린 충고 및 도울 수 있는 방법을 찾아주는 단계
   ⑤ 절대적 관심: 자기 일처럼 모든 일을 도와서 처리해 주는 무조건적 신뢰, 궁극의 신뢰 단계

된다. 내 자신이 신뢰도를 쌓기 위해서는 4단계 정도의 관심도를 가져주어야 한다. 선물도 하고, 같이 골프도 치고, 술도 마시고, 듣기 싫은 이야기도 적극적으로 들어 주고, 특히 상대방이 하는 부탁을 절대적으로 들어주되 가능한 한 상대에게 부탁은 하지 않는 것이 좋다. 부탁보다는 신뢰를 바탕으로 서로에게 도움을 줄 수 있는 상황을 많이 연출해야 한다. 신뢰라는 마일리지를 차곡차곡 적립해야 한다. 하루아침에 신뢰도가 쌓이는 법은 없다.

신뢰의 바탕은 말하는 사람의 신뢰성, 전문성, 권위성, 생김새, 옷차림, 심리적 매력, 유사성과 친근감, 동질성(사회적 배경, 생김새, 도덕관, 가치관 등) 등에 영향을 많이 받는다. 거짓되지 않은 신뢰 바탕의 인간관계를 구축해야 한다.

성공적인 비즈니스 협상을 위해서는 첫째, 사람, 신뢰를 바탕으로 하는 인간관계, 둘째, 비즈니스 목적에 부합하는 경제적 이익, 이 두 가지를 얻어야 한다는 점을 명심해야 한다.

Business Negotiation List Model

협상 목적	협상의 정확한 목표 설정
협상 일자	협상일 선정
협상 장소	협상에 필요한 최적의 장소 설정
협상 팀	팀원 구성 및 누가 누구에게 어떻게 전달할 것인지
협상 방식	대면, 비대면, 서면, 전화, 메시지 등

[협상 전 체크리스트]

- 확인사항
  1. 협상과 관련된 법규, 법령 및 규정
  2. 협상 상대방의 경제적 현황 및 시간적 유효성
  3. 협상 상대방의 이슈 혹은 문화적, 사회적 특성
  4. 협상 상대팀의 관계자 구분: 협상 참여 인원, 의사 결정자, 담당자의 특성 및 스타일
  5. 협상 상대팀의 Needs와 Wants 파악
  6. 최악의 시나리오 예상에 따른 대안 마련

- 질문사항
  1. 분위기 환기용 질문(날씨, 사무실 환경, 경기 등)
  2. 협상을 위한 간접 질문(기업현황, 거래현황 등)
  3. 협상을 위한 직접 질문(목표와 관련된 내용)

- 협상관련 사항
  1. 협상의 목표 확정
  2. 양보의 마지노선 확정
  3. 협상 시 우선 순위 작성
  4. 여러 상황에 필요한 대안 마련

[협상 테이블 체크리스트]

1. 협상 상대방의 협상 스타일 및 의사소통 방식
2. 협상 상대방의 필요 및 욕구 사항
3. 협상 상대방의 표준 인식
4. 협상 상대방의 양보 및 타협 가능선
5. 협상 불발 시 대안 가능 여부
6. 후속 진행 여부 확인, 누가 무엇을 어떻게 진행할 것인지

7-2 비즈니스 협상 진행 단계(2단계)

7-2-1. 협상 시작

시작 전 분위기를 환기할 필요가 있다.

중국 사람들은 십중팔구 협상 전에 차를 대접한다. 차를 이야기하든지, 날씨를 이야기하든지 무겁지 않은 주제를 가지고 협상 시작 전 분위기를 환기해야 한다.

7-2-2. 협상 테이블에서 대응 전략

공식적 협상에 들어가게 되면 시간적 여유와 인내심, 평정심을 유지하면서 중국 측의 다양한 협상 전략, 전술에 대응해 우호적 협상을 가져가야 한다. 상대방의 협상 전략과 상대방의 욕구와 필요 등을 파악하여 유연하게 대응해야 한다. 협상 시 말을 크게, 빠르게, 많이 하지 않아야 한다.

협상 테이블에서 가장 많이 요구되는 것이 상황 판단에 따른 통찰력이다. 전체적인 흐름을 잘 판단하여 만족할 만한 협상 결과를 도출할 수 있도록 최선을 다하는 것이 바람직하다.

공식 협상 단계에서는 정보 교환 단계, 설득 단계, 양보 단계, 합의 단계의 네 단계로 나누어 대응 전략을 수립한다.

정보 교환 단계

상호 협상안을 제출하여 협상안에 대한 질의, 응답, 확인 등 여러 과정을 통해 세부적인 요구 조건을 확인하고 협상안의 이해득실을 계산해 보아야 한다.

> ※ 정보 교환 단계 주의사항
>
> ① 캐묻거나 취조하는 형식이 되어서는 안 된다.
> ② 위협적이거나 자극적인 어조는 피해야 한다.
> ③ 질문을 막거나 가로채서는 안 된다.
> ④ 자신의 능력을 뽐내거나 상대의 반감을 불러일으켜서는 안 된다.
> ⑤ 반복적인 제안을 해서는 안 된다.
> ⑥ 상대가 대답을 원하지 않는 경우 강압적으로 대답을 요구하면 안 된다.

설득 단계

자사의 협상안의 당위성 및 시장성, 경쟁력 등을 도출시켜 최대한 협상의 목적에 도달하도록 조정하는 단계이다. 협상 진행 과정에서 진행 내용을 중간중간 점검하고 최종 방향을 조정해 나간다.

상대방이 우호적으로 협상에 임하고 협상이 순조롭게 흘러가면 더할 나위 없이 좋겠지만 상호 이익을 조정해 나가는 협상에는 항상 제약적인 요소들이 따르게 마련이다. 상대방이 협상안에 부정적인 태도를 취할 때는 너무 밀어붙이는 것보다 잠시 화장실을 다녀온다든지, 잠시 쉬었다가 다시 하자든지 하는 여유를 가지는 것이 바람직하다.

> ※ 설득 시 주의사항
>
> ① 너무 자기주장에 빠지면 안 된다.
> ② 상대방의 요구를 인정하고 설득에 임해야 한다.
> ③ 거짓되거나 과장된 협상안으로 설득하면 안 된다.

협상 양보 단계

어느 정도 협상이 진행되면 필요한 경우에 따라서 양보할 내용을 정리하고, 양보받아야 될 수준도 정한다.

> ※ 양보 시 주의사항
>
> ① 상대방의 입장에서 양보
> ② 양보의 마지노선 확인
> ③ 상대방의 양보선 예측

협상 합의 단계

협상 합의 단계에서는 아래 3가지 목표를 가지고 합의를 이끌어야 한다.

▶ 협상 타결을 위한 3가지 목표
　① 빠른 합의 도출에 힘써라.
　② 이미 취득한 것을 최대한 확보하여 이익에 손실이 가지 않도록 한다.
　③ 마지막까지 이익이 도출되도록 최선을 다한다.

※ 협상 합의 시 주의사항

① 협의서 작성 전 발생하는 작은 문제들을 다시 정리해서 이익이 되도록 해야 한다.
② 협의서는 협상한 내용과 동일하게 작성하여야 한다. 법률적 효력을 지니게 되므로 꼭 변호사 등을 통하여 확인해야 한다. 중문의 경우 틀리는 경우가 많으며 특히 일시, 가격 등은 다시 한번 꼼꼼하게 체크하여야 한다.

7-3   비즈니스 협상 마무리 단계(3단계)

    어느 정도 협상이 진행되고 타결 단계에 들어서면 협상과 관련된 내용을 다시 정리해서 상대방에게 확인을 할 필요가 있다. 확인을 거친 후 계약서나 협의서의 초안을 작성하게 되는데 중국에서 계약서나 협의서 등을 작성할 때 특히 주의해야 할 점은, 중국어가 언어적 특징으로 인해 어느 정도의 모호성을 지니고 있다는 것이다. 한자는 뜻글자인 표의문자로서 그 뜻을 보는 관점에 따라 여러 가지 해석이 가능할 수 있다. 따라서 정확성을 요하는 계약서를 작성하는 경우 반드시 중국어와 영어, 그리고 관련 당사국의 언어(예를 들어 한국어)를 함께 표기하는 것이 좋다. 계약서나 협약서의 작성 시에는 한국어가 가능한 현지 법률, 회계전문가의 도움을 받아 중국어 통역관을 대동하여 계약서를 작성해야 하며, 또한 계약자도 간단한 중국어는 구사할 수 있는 것이 좋다. 중국인과의 계약에서는 가능한 한 한국에서 계약서를 작성하는 것이 좋다. 하지만 그렇지 않고 중국 현지에서 계약을 체결하는 경우에는 사전에 여러 번의 검토 과정을 통해 서로의 의사를 분명히 전달하여 계약서를 완성해야 한다.

    모든 협상이 다 원만하게 타결되지는 못한다. 원만한 합의를 도출해 내지 못할 경우에는 상대방에게 재협상의 필요성을 제기해야 한다. 큰 틀에서의 합의만을 이끌어 낸 후 세부적인 사항은 보완, 수정해서 재협상을 추진해야 한다. 재협상을 위해 끝까지 우호적인 유대관계를 유지하려는 노력을 해야 한다.

7-4 비즈니스 협상 실무 10대 전략

7-4-1. 지피지기 백전백태 전략

> 상대방을 알고 나 자신을 알면
> 백 번의 전투에서 절대 위태롭지 않다.

협상이 시작되면 절대 먼저 이야기하지 마라. 먼저 질문부터 해라. 중국 사람들은 말하는 것을 비교적 좋아하는 편이다. 결론보다는 상황을 많이 설명하려고 하는 경향이 있다. 그래서 비즈니스와 관련된 질문을 통해서 협상 파트너로부터 많은 정보를 획득해야 한다.

예를 들어서, 요즘 경기가 어떻습니까? 한국 회사와 거래가 있습니까? 외국 회사와 거래 경험이 있습니까? 아니면 회사를 좀 소개해 주실 수 있나요? 여기 직원이 몇 명쯤이지요? 혹시 이런저런 것에 관하여 들어 봤거나 해 본 적이 있으신가요? 등등 회사의 정보에 관한 직, 간접적인 내용을 아우르는 것이 좋다.

질문을 통해서 최대한 많은 정보를 얻어 낼 수 있도록 질문을 많이 하고 최대한 많이 듣는 게 좋다. 얻어낸 정보를 통해서 만들어진 협상 전략을 다시 수정해서 제시한다.

7-4-2. ONE POINT 전략

많은 것을 이야기하다 보면 집중도가 떨어질 수 있다. 제일 좋은 하나만을 가지고 집중 공략을 해야 한다. 이것저것 너무 많은 것을 한꺼번에 이야기하면 집중도가 떨어질 수 있다. 하나가 잘되면 그 나머지 것들은 자연적으로 따라올 수 있기 때문에 초기 협상 단계에서는 합의할 수 있는 부분에 초점을 맞추어 하나에 집중해야 한다.

7-4-3. WIN-WIN 전략

모든 협상의 기초는 GIVE & TAKE임을 명심해야 한다. 일방적인 협상은 절대 이루어질 수 없다는 것을 명심해야 한다. 처음에는 내가 좀 손해를 보는 듯하더라도 먼저 주고 나면 상대방에서는 어떤 식으로든지 보상을 하려고 한다. 비즈니스 협상에서 일방적인 것은 절대 존재하지 않는다는 것을 명심해야 한다. 서로 공생할 수 있는 여러 가지 방법을 찾아내 적극적으로 협상에 적용시켜야 한다.

7-4-4. ZOPA 설정 전략

ZOPA는 Zone of Possible Agreement agreement의 약자로 '협상가능영역'을 뜻하는 경제경영학 용어이다. 상대방의 협상 가능 영역을 미리 알 수 있다면 그 협상은 이루어진 것이나 다름이 없다. 상대방의 ZOPA와 나의 ZOPA 영역을 조절해 나가는 과정이 협상의 한 과정이다.

ZOPA가 있고 없고는 협상에 큰 영향을 미친다. 협상을 할 때 협상 가능영역, 즉 협상 당사자인 자사의 실제 입장과 상대방의 실제 입장 간의 갭, 즉 합의가능영역을 확인하고 어떤 합의점에 도출할 것인지를 판단하여 실행해야 한다.

7-4-5. 앵커링 효과 전략

앵커링 효과(Anchoring Effect)는 닻 내리기 효과 혹은 기준점 대비 효과라고도 하는데 비즈니스 협상 시 가격 결정 등에서 가장 중요한 역할을 하는 포인트라고 할 수 있다.

높은 가격을 먼저 제시해야 하는지 낮은 가격을 먼저 제시해야 하는지 등을 고려해야 하는데 그 기준점을 어디로 둘 건지가 중요하다.

기준점 설정 요령
① 상황적으로 중요한 것부터
② 시간적으로 급한 것부터
③ 쉽게 성사가 가능한 것부터
④ 큰 요구보다는 작은 요구부터
⑤ 가격 협상 시 높은 가격부터

위의 내용은 교과서적인 기준점 설정 요령으로 상황 판단에 따라서 기준점 설정을 달리해야 함을 주의해야 한다.

메시지 전달 방법
- 일면메시지 전달: 상대방이 잘 모를 때는 좋은 점만 노출시켜 전달하는 것이 좋다.
- 양면메시지 전달: 상대방이 잘 알 때는 긍정, 부정 다 노출시켜 차별화된 점, 긍정적인 면은 강조하고 합리성을 이해시키는 것이 좋다.

조삼모사 전략
아침에 세 개, 저녁에 네 개의 뜻을 가진 원숭이의 우둔함을 비웃는 사자성어지만 원숭이 입장에서 생각해 보면 유연성이다. 미래 예측이 불가능한 상황에서 당연할 수 있다.

7-4-6. 시간제한 전략

빨리 결정하지 않으면 손해 볼 것 같은 '긴박한 상황'을 연출해 협상 상대방의 행동변화를 꾀하는 전략이다.
- 시간의 제한성: 자원을 획득할 수 있는 시간이 제한되어 있다.
- 수량의 희소성: 대상의 수가 한정되어 있다.

단, 역으로 시간 제한 전략에 말리면 안 된다. 시간을 충분히 고려하여 협상에 임해야 한다.

7-4-7. 거울 전략

상대방의 입장에서 생각해 보는 거울 전략으로 상대방의 존재를 긍정적으로 인정하면서 공감해야 한다. 내가 내 자신을 보고 있다고 생각하고 내가 지금 하고자 하는 게 설득력이 있는지 꼭 한번 체크하면서 가야 한다.

우리가 익히 들어 알고 있는 근면을 강조하는 격언이 있다. "일찍 일어나는 새가 벌레를 잡아먹는다." 물론 당신이 새의 입장이라면 일찍 일어나야 한다. 그래야 벌레를 잡아먹을 수 있으니까. 하지만 당신이 벌레의 입장이라면 상황이 좀 달라진다. 아침에 일찍 일어나서 움직이기보다는 눈에 띄지 않게 잘 숨어 있는 게 더 나은 생존 전략이 될 수 있다. 벌레의 입장이 되어 보는 것도 협상에서 중요하다.

7-4-8. 과유불급 전략

한 번에 모든 것을 마무리하려고 하지 마라. 일에는 순서가 있기 마련이다. 첫 술에 절대 배부를 수 없다. 지나침은 모자람만 못하다. 모든 상황을 잘 판단하여 지나침이 없는지 항상 체크해야 한다.

7-4-9. 36계 전략

협상 중 곤란한 상황에 닥쳤을 때 섣불리 답을 주려고 하지 마라. 내가 책임자라고 할지라도 회사에 돌아가서 다시 검토해 보겠다고 하든지, 아니면 없는 본사를 만들어서라도 본사 측과 잘 협의해서 귀사가 제시한 협상 내용을 적극적으로 수용하도록 하겠다고 하는 것이 가장 원만하다.

7-4-10. Again 전략

　협상이 원만하게 이루어지면 먼저 결론을 도출하는 것도 중요하다. 하지만 이번 협상을 시작으로 비즈니스를 지속적으로 유지시키기 위해 상시 대화할 수 있는 창구를 열어놓아야 한다.
　이 건은 내가 돌아가서 보충해서 자료를 다시 보내드리겠습니다, 이 건은 귀사에서 다시 정리해서 저희들한테 자료를 보내주시면 다시 검토해서 연락드리겠습니다 등 앞으로 지속적으로 관계가 유지될 수 있는 여운을 남겨 두어야 한다. 꽌시를 쌓는 가장 기초적인 단계이다.

　어느 구름에 비가 들어 있는지 모른다.

　중국 비즈니스 협상에서 객관적 사고를 바탕으로 종합적 사고로 통찰력을 가지고 상황을 판단해야 하며 절대 일방적이지 않게 상대주의적 사고로 판단하고 대안적 사고로 판단을 해야 함을 잊지 말아야 한다.

성공적인 중국 비즈니스 협상을 위한 전략

중국 비즈니스 협상
A to Z

Chapter 8.

성공적인 중국 비즈니스 협상을 위한 조언

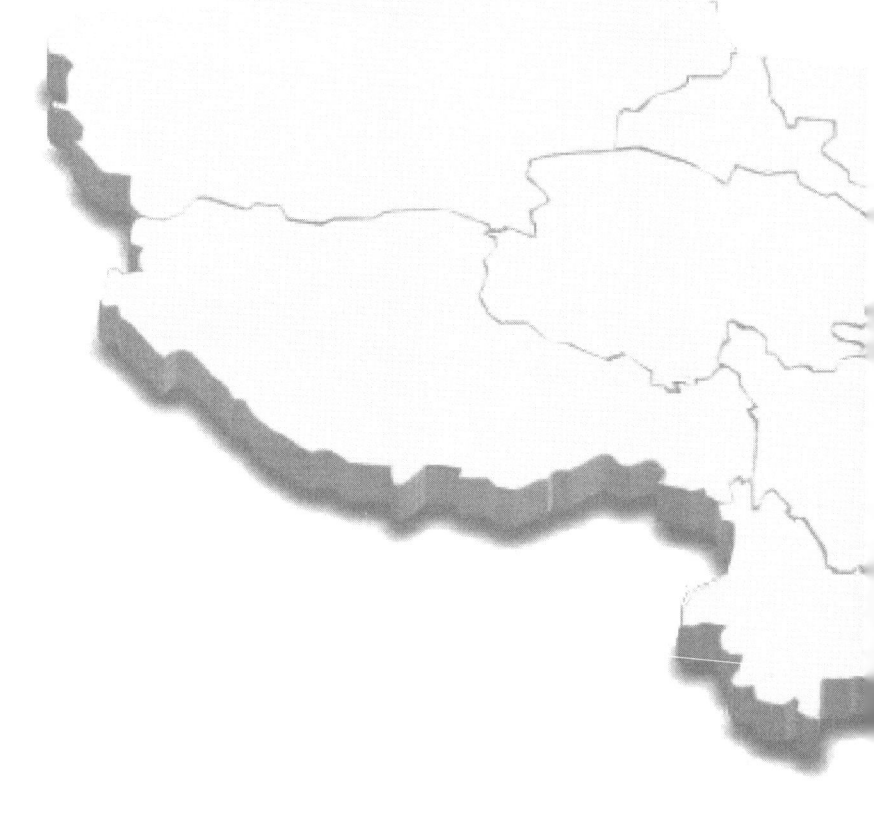

8-1. 중국 비즈니스 협상 시 유의사항
8-2. 중국 비즈니스 협상 시 필요조건
8-3. 중국인의 비즈니스 협상 시 특징

8-1 중국 비즈니스 협상 시 유의사항

중국에서 비즈니스를 할 때 가장 유의해야 할 점이 언어적 함정, 시간적 함정, 공간적 함정, 평요의 함정, 겉모습의 함정, 대상의 함정에 빠지지 말아야 하는 것이다. 민감한 화제는 피하고 협상 시 이질감, 거부감이 생기지 않도록 주의해야 한다. 특히 정치, 종교, 빈부격차, 티베트, 소수민족, 천안문사태, 인권문제 등이며 대만 관련 화제는 극히 유의해야 하며 가급적 거론하지 않는 것이 좋다.

8-1-1. 언어적 함정

과대포장
중국 사람들은 협상과정에서 자기소개나 회사를 소개할 때 사실보다 더 부풀려 과장되게 표현하는 경우가 많다. 협상 과정에서 그대로 믿기보다는 칭찬, 질문, 확인 등을 통해 상대가 말을 많이 하도록 하여 상대의 전략을 노출시키고, 상대방의 진위를 잘 파악하여 과대포장되어 있지는 않은지 잘 파악하여야 한다.

완곡적 표현
중국 사람들은 뜻을 전달할 때 함축적이고, 이중적 언어를 잘 구사하며 직설적 표현보다는 둘러서 표현을 하든지 '~라고 하더라' 등의 간접적 표현을 많이 사용한다. 상대방에게도 칭찬이나 좋은 말을 많이 하는데 완곡적 표현에 넘어가면 안 된다. 중국인의 습관적 언어 표현 방식이다.

중국 사람들은 특히 'NO'라는 표현을 잘 쓰지 않고 모호하게 정리하는 경우가 많다. 중국어의 NO에 해당하는 것이 '不, 不可以, 不行, 不好' 등이 될 수 있는데 이보다는 '그럭저럭 괜찮다' 정도로 해석될 수 있는 '还可以, 还行, 还好' 등의 표현을 잘 쓴다. 이때 정말로 괜찮은 것인지, 부정적인 뉘앙스가 내포되어 있지 않은지 잘 파악하여야 한다.

또 중국사람과 협상을 하다 보면 '고려해 보겠다. 생각해 보겠다(考虑一下)'라는 표현을 정말 자주 쓰는 것을 볼 수 있다. 이 경우는 십중팔구는 상대방의 요구를 거절할 때 한 번 생각해 보겠다의 뜻으로 이해를 해야 한다.

중국 사람들과 시간 약속을 하다 보면 종종 듣게 되는 표현이 바쁘다는 의미의 '망(忙)'이다. 이것은 실제로 바빠서 그럴 수도 있지만 비즈니스에 있어서는 대부분 거절의 의미로 해석을 해야 한다. 아무리 바빠도 본인에게 경제적 이익을 갖다줄 수 있는 비즈니스 협상에서 '망(忙)'은 협상대상의 우선순위에서 밀렸거나 더 심한 표현으로는 관심이 없다로 해석할 수도 있다.

상황 판단이야말로 중국 비즈니스 협상에서 간과할 수 없는 중요한 일이다. 상대방이 하는 모든 것에 집중하고, 협상 상대방이 모호한 표현을 하더라도 그 안에 담긴 뜻을 잘 분석하고 이해하여야 협상에서 주도권을 가질 수 있다.

8-1-2. 시간적 함정

중국 사람들은 약속시간, 미팅시간 등 시간 개념이 한국 사람보다는 희박한 편이다. 또한 언어적으로 시간을 표현할 때 모호한 개념이 많다.

중국 사람들이 모임 후 헤어질 때 많이 쓰는 표현은 '过两天见面', 한국어로 직역을 하면 '이틀 후에 만나자'로 해석할 수 있다. 그런데 여기서 '이틀'은 정말로 이틀의 시간이 아닌 막연한 '다음에 기회가 있으면'으로 해석을 해야 한다. 중국 사람들의 언어적 습관이다.

또 '马上'이라는 표현을 많이 쓰는데 한국어로 번역을 하자면 '바로, 당장, 금방' 등의 뜻으로 해석될 수 있다. 그런데 이 '马上'이라는 시간적 개념의 단어가 사용하는 사람의 상황에 따라서 10분이 될 수도 있고, 1시간이 될 수도 있고, 또 하루, 이틀이 될 수도 있고 심지어는 한두 달이 될 수도 있다.

따라서 중국 비즈니스 협상을 할 때 시간을 명확히, 특정된 시간을 꼭 확인하는 것이 바람직하다.

8-1-3. 공간적 함정

중국은 국토 면적이 우리나라의 99배에 달하는 세계에서 세 번째로 면적이 넓은 국가이다.

우리나라 사람과는 거리를 인식하는 기준이 매우 다르다. 부산에서 서울까지 500㎞를 우리나라 사람들은 굉장히 멀게 여긴다. 중국 사람들은 차로 너덧 시간 걸린다고 하면 아주 가깝다고 말한다. 중국 사람들과 협상을 할 때 공간적으로 가깝다고 해서 현장에 가 보면 생각도 못할 만큼 멀리 있는 경우가 많다.

따라서 중국 사람과 협상을 할 때 공간적인 개념도 모호하게 정리를 하면 안 된다. 우리와 거리 인식 기준이 다르기 때문에 꼭 정확한 공간적 거리를 확인하여야 실수를 하지 않는다.

8-1-4. 펑요의 함정

우리가 일반적으로 알고 있는 '친구', 중국에서 말하는 '펑요(朋友)'의 개념에는 많은 차이가 있다.

사전상에서도 서로 다른 표현을 하고 있다. 우리나라에서의 친구는 사전상에서 '가깝게 오래 사귄 사람이나 나이가 비슷하거나 아래인 사람을 낮추어 친근하게 이르는 말'이라고 하고 있다. 반면에 중국의 경우는 '혈연관계가 아닌 인간관계에서 중요한 교제의 대상이며 진정한 펑요는 성실, 충심, 충의 그리고 상대방을 먼저 배려해야 한다'라고 정의하고 있다.

즉 중국의 '펑요(朋友)'는 인간관계에서 맺어지는 교제의 대상으로 나이, 신분, 성별에 관계없이 사회생활 중 만나게 되는 누구든지 다 펑요의 관계가 될 수 있다. 펑요의 관계는 사회 네트워크를 만들어 가는 초보 단계가 될 수 있다. 하지만 한국의 친구와 중국의 펑요는 사뭇 다르기 때문에 중국 사람들이 말하는 펑요의 함정에 빠지면 안 된다.

중국과의 비즈니스에서 '꽌시'가 중요한 만큼 그 꽌시를 쌓아가는 펑요도 중요하다.

중국 사람들은 조금만 가까워지면 "우리는 펑요(朋友)다"라는 말을 잘 쓰는데 친구도 여러 종류가 있다. 좋은 친구(好朋友), 오래된 친구(老朋友)도 있지만, 요즘 중국 젊은 사람들이 유행어처럼 많이 쓰는 표면적으로만 친구, 즉 필요에 의한 친구를 뜻하는 "표면친구(表面朋友), 플라스틱친구(塑料朋友)"가 있다. 이것은 내가 필요 없을 때 언제나 등을 돌릴 수 있는 친구로 중국 비즈니스에서 진정한 친구를 잘 가려내 관계를 만들어 나가는 것도 중요한 덕목이다.

친구라고 다 같은 친구가 아니고 펑요라고 다 같은 펑요가 아님을 명심해야 한다.

8-1-5. 겉모습의 함정

중국 사람은 겉으로 나타내기를 싫어하고 속에 두고 있으며 겉으로는 아무런 생각도 하는 것 같지 않아 보이나 속으로는 계산하고 있으며 처음 시작할 때에는 형식적인 것 같으나 결국 마지막에 가서는 실속을 나타내며, 겉은 어리숙해 보이나 속은 시퍼렇게 살아 있다. 이런 중국 사람이 겉과 속을 다 드러내 놓는 다른 사람에 비해 얼마나 무섭고 언제 어디에서 어떻게 그들에게 당할지 그 누구도 예측하기 어렵다.

자기를 나타내기를 좋아하고 그 누구도 상관하지 않고 속을 다 드러낸 사람은 속을 다 드러내지 않은 사람에게 지는 것은 십상팔구이다. 자기를 쉽게 드러낸 사람은 상대방에게 약점을 잡힐 수밖에 없는 것이다.

자기를 드러내기 좋아하는 사람은 자고자대(自高自大)하는 사람이다. 자고자대하면 쉽게 다른 사람의 미움을 받게 되며 따돌림을 당하기 쉽다. 어떤 경우에 중국 사람은 너무 겸손하게 다른 사람을 대하여 겉보기에는 아무것도 모르는 것 같아 보인다. 중국 사람들은 '총명하게 보이기는 쉬운 일이지만 멍청하게 보이기는 쉽지 않다'고 하면서 어리숙하게 보이기 위한 중용(中庸) 사상으로 처세한다.

중국의 연회석에 참석해서는 처음 들어오는 요리를 적게 먹으면서 후에 들어오는 요리를 기다리라는 말이 있다. 중국 사람들은 연회에서 먼저 일반적인 요리를 내놓고 점차적으로 고급적인 요리를 내놓는다. 처음에 일반적인 요리로 배불리 먹으면 후에 들어오는 고급 요리를 먹을 수 없게 된다. 그러나 한국은 순서와 관계없이 밑반찬부터 한꺼번에 쭉 들어온다. 다시 말하면 겉과 속을 한꺼번에 다 드러내 놓는 것이다.

중국은 겉과 속을 다르게 표현한다. 그리하여 중국에 가면 사람의 겉모양, 즉 입은 옷을 보고 평가하지 말아야 한다. 중국 사람은 대개 모두 평범하게 옷을 입을 뿐 그렇게 겉모양에 대해 너무 신경을 쓰지 않는다. 그러나 우리 한국 사람은 다른 사람에게 보여 주기 위한 겉모양에 상당히 치중한다. 복장도 마찬가지이다.

중국 사람들은 겉보기에는 돈이 없어 보일지언정 실제로 그렇지는 않다. 중국 사람들이 가진 하나의 실용적인 문화이다. 알면서 모르는 척하기란 쉽지 않으며 있으면서 없는 척하기도 쉽지 않다.

중국 사람을 겉모양만 보고 판단하다가는 잘못하다가는 큰코다친다. 중국에서 비즈니스 협상 시, 옷차림이 허름하다고 해서 절대 무시하거나 무례한 행동을 해서는 안 된다.

8-1-6. 대상의 함정

중국 사람들은 자연인으로서의 누구가 아닌 조직 구성원으로서의 누구를 강조한다. 개인이 책임을 지기 싫어하는 성격상 개인이 귀찮게 생각하면 안 한다. 현상 유지 편향이 있어 뭔가를 더 하는 것을, 환경이 바뀌는 것을 싫어한다. 받는 월급은 다 똑같은데 굳이 일거리를 만들어서 번거롭게 하는 것을 싫어하는 것은 당연한 일이다. 조직의 결정에 따라가는 것이 훨씬 낫다고 생각한다. 그래서 중국과의 비즈니스에서 중요한 것은 조직의 필요에 의해서 조직이 결정을 할 수 있도록 유도를 하는 것이 좋다.

협상에 필요한 주요 대상이 누구인지, 누가 결정권자인지, 누가 실무 담당자인지의 파악이 중요하다. 잘못하다 보면 비즈니스 협상에서 실무와 전혀 관계가 없는 사람들과 왕왕 협상을 하는 경우가 발생한다. 협상 대상의 맥을 잘 집어 협상 대상에 집중해야 한다.

비즈니스 협상에서 당연히 의사 결정권자의 파워가 강하겠지만 실무 담당자의 입김이 굉장히 큰 영향력을 발휘하는 경우가 많다. 그래서 협상 실무 담당자가 누구인지를 파악하여 가능하다면 개인적 보상, 승진의 기회, 한국 출장의 기회 등 협상 테이블 이면의 전략 역시도 중요하다고 생각한다.

협상 실무 당사자에게도 현실적인 이익이 갈 수 있는 인센티브를 잘 고려해야 한다. 내가 협상을 주도하는 상대팀의 결정권자와 아주 꽌시가 좋은 입장이라도 실무담당자에게 절대 소홀히 해서는 안 된다.

협상 조직뿐만 아니라 협상 당사자인 개인에게도 경제적으로도 이익이 될 수 있고 도덕적, 인간관계적으로 도움과 자극이 될 수 있는 여러 가지 방법을 찾아서 협상 전략으로 구사해야 한다.

8-2 중국 비즈니스 협상 시 필요조건

8-2-1. 중국 SNS를 활용해라

> **자아척전(自我拓展):**
> 스스로를 개척해 나가다.

새로운 것을 배워 변화와 발전에 대처하지 못하면 도태되기 마련이다.

중국에 '입향수속(入乡随俗)'이라는 사자성어가 있다. 그 고장에 가면 그 고장의 풍속을 따라야 한다. 즉 '로마에 가면 로마법을 따르라'라는 말이다.

중국인과의 교류와 비즈니스를 생각한다면 우리의 방식이 아닌 중국인 문화 속으로 들어가야 한다. 특히 14억 중국인이 매일 사용하는 '위챗(微信)'을 알아가는 것은 14억 중국 소비시장의 새로운 문을 여는 것이며, 중국의 새로운 비즈니스 생태계를 알아가는 과정과도 같다.

중국 진출을 위해 필수가 된 위챗, 중국이 거대하고 복잡한 만큼 위챗 생태계를 알아가는 것 역시 쉬운 일은 아니지만 중국 비즈니스에 있어 시행착오를 덜어내고 성공에 정착하려면 현재 중국인의 삶에 있어서 절대적인 위치를 차지하는 위챗(微信)을 잘 활용해야 한다.

위챗은 우리나라 카톡에 해당하는 소셜 네트워크 서비스지만 단순한 SNS 기능만을 가진 것이 아닌, 위챗만의 비즈니스 생태계가 형성되어 있다.

위챗페이(微信支付)를 통한 결제 시스템, 전자 상거래, 커뮤니케이션, 엔터테인먼트, 금융, 물류, 소셜 네트워킹 등 전반적인 분야에서 큰 비중을 차지하며 엄청난 영향력을 행사하고 있다.
'위챗 하나로 다 통하는 중국'이라는 말이 나올 정도로 위챗의 영향력은 절대적이다.

특히 위챗의 공식계정과 미니프로그램을 눈여겨볼 필요가 있다. 공식계정(公众号)은 카카오톡의 카카오 채널과 유사한 기능을 가지고 있다고 볼 수 있으며 미니프로그램(小程序)은 하나의 개인 어플리케이션으로 휴대폰상에서 따로 다운로드를 받을 필요 없이 위챗 안에서 나만의 새로운 어플리케이션을 등록한 후 바로 서비스가 가능한 시스템이다. 이 두 프로그램은 중국에서 비즈니스를 하려고 한다면 거의 절대적으로 필요한 홍보용 아이템이라고 할 수 있다. 현재 중국에서 비즈니스를 하는 내국기업, 외국기업 모두 포함하여, 이 두 가지 프로그램을 활용하지 않는 회사가 거의 없다고 봐도 무방할 정도이다.

위챗의 기능이 활성화되면서 중국 사람들은 명함을 잘 가지고 다니지 않는다. 중국 비즈니스에 있어서 공식계정 및 미니프로그램을 활용하여 중국 시장의 마케팅 전략으로 이용해야 한다.

8-2-2. 교두보를 확보하라

교차외세(巧借外势):
외부의 힘을 빌려서 이용한다.

교차외력(巧借外力)이라고도 하는데 무릇 모든 일에 성공하기 위해서는 혼자 힘만으로는 큰일을 이루기가 어렵다. 비즈니스 협상 역시도 마찬가지이다. 나를 지지해 주고 나를 믿어 주고 나를 추천해 줄 수 있는 교두보가 필요하다.

중국에서 비즈니스를 하려면 내가 이런 회사와 거래를 하고 있다거나 한국에서 이런 실적을 내고 있다는 등의 외부적인 과정이 필요하다. 그래서 중국 시장 진출을 위한 교두보를 먼저 확보해야 한다. 장기적으로 다른 비즈니스 협상을 할 때 많은 이득을 볼 수 있으며, 신뢰를 획득하는 좋은 방법이다.

8-2-3. 타이밍을 선점하라

줄탁동시(啐啄同时):
병아리가 알에서 나오기 위해서는 새끼와 어미닭이
안팎에서 서로 동시에 쪼아야 한다.

선종(禪宗)의 공안 가운데 하나이기도 한 사자성어인데 협상 상대방과 서로 간의 수요에 의한 적절한 타이밍에 맞춰 동시에 비즈니스를 완성시키는 '줄탁동시'가 중요하다.

아무리 좋은 변화와 혁신이 있을지라도 타이밍이 맞지 않으면 무용지물이 되고, 지속이 아닌 일시적인 변화에는 큰 기대를 할 수 없는 법이다.

중국에서 비즈니스를 진행하다 보면 어제 안되던 일이 오늘은 되는 경우가 왕왕 발생한다. 적절한 타이밍이 중요하다. 상대방이 정말 필요로 하는 타이밍을 선점하여 비즈니스 협상에 유리하도록 이끌어야 한다.

8-2-4. 중국어를 배워라

> **학이치용**(学以致用):
> 배운 것을 실용에 활용한다.

배우고 익힌 것을 실생활에 활용하지 못하면 그 또한 가치가 없어진다. 중국어 공부를 통해 중국을 이해하고 중국 사람을 이해할 수가 있다. 될 수 있으면 중국어를 원어민을 통해서 배워라. 꽌시를 만드는 출발점이다. 중국 원어민 교사를 통하여 언어적 오해, 뉘앙스의 차이에서 불러오는 여러 가지를 배울 수 있다. 한마디의 중국어가 중국 비즈니스 출발의 첫 단추를 끼우는 일이다.

8-2-5. 중국 친구를 만들어라

용심택우(用心择友):
친구를 사귈 때 마음을 다해라.

비즈니스와 관련이 없는 중국 친구를 만들어라(헬스장, 요가, 운동, 붓글씨, 악기, 다회활동 등). 중국 사람들이 주최하는 활동 및 행사에 적극적으로 가입하여 활동해라. 특히 중국에서 비즈니스를 영위하는 경우라면, 좀 이상하겠지만 될 수 있으면 한국 사람들과 같이 산에 가고, 같이 한국 식당에 가고, 한국 사람들과 어울리고 하지 마라. 중국 사람을 만나고, 중국 식당에 가고 자신이 중국 사람이 되도록 노력해야 한다. 중국인 구성원 중의 한 명으로 자리 잡을 수 있도록 부단히 노력해야 한다

8-2-6. 중국을 이해해라

자시필패(自是必败):
자기만을 자랑하는 자는 반드시 패한다.

먼저 다름을 이해해야만 한다. 국가의 구조, 환경, 교육 등이 우리나라와는 사뭇 다른 배경을 지니고 있다. 절대적 편견을 가지면 안 된다. '왜'라고 말하기 전에 '아! 이래서 이렇구나'를 이해해야 한다. 자본주의와 사회주의의 차이, 인구의 차이, 나라 크기의 차이, 문화의 차이, 언

어적 습관 및 표현(뉘앙스) 등의 차이를 이해하면 더 많은 중국이 보이고 중국에 접근하는 방식의 문이 열린다.

8-2-7. 교만함을 버려라

> **교병필패(骄兵必败):**
> 적을 얕보는 군대는 반드시 패한다.

이보다 더 큰 재앙은 없다. 자기의 강함만을 믿고 상대방을 얕보거나 무시하는 교만함을 가지면 절대적으로 싸움에서 이길 수가 없다. 특히 중국 비즈니스에서 상대방을 무시하거나 얕보는 행동은 절대 금물이다.

상대를 얕보거나 '아는 척, 잘난 척, 있는 척' 하지는 않는지 다시 한 번 되새겨볼 필요가 있다.

8-2-8. Give & Take 실천

> **욕취선여(欲取先予):**
> 얻고자 한다면 내가 먼저 베풀어야 한다.

항상 내가 줄 수 있는 게 없을까를 생각해야 한다. 동서고금, 지위고하, 남녀노소를 불문하고 절대의 진리이다. 닭을 풀어놓지 않고는 봉황을 유인할 수가 없는 법이다.

받는 게 1이면 주는 것은 3으로 실천해라. 다른 사람이 밥을 한 번 사면 나는 세 번 산다는 자세로 상대방을 대하려는 노력을 해야 한다. 또한 선물은 받는 사람이 부담이 가야 진정한 선물이다. 내가 필요하지 않는 것을 주는 것은 안 주는 것보다 못함을 진짜 주의해야 한다. 내가 남들에게 하는 부탁은 최소로, 받은 부탁은 최대한 해 줘야만 한다.

미끼를 놓지 않으면 더 큰 물고기를 잡을 수가 없듯이 더 큰 목표를 가지고 있다면 먼저 베풀어야 한다.

8-3 중국인의 비즈니스 협상 시 특징

중국 사람들은 '그 자리에서 확인하지 않으면 지난 후에는 책임지지 않습니다(当面点清 过后不管)'는 말에 굉장히 익숙해져 있다.

중국은 돈을 지불하는 시점에 따라 갑과 을이 순식간에 바뀔 수 있음을 보여 주는 대표적인 말이라고 할 수 있는데 그만큼 불신 풍조가 많으며 역으로는 상거래 행위에서 얼마나 신중해야 되는지를 알려 준다.

또 '돈만 있으면 귀신에게도 맷돌을 돌리게 할 수 있다(有钱能使鬼推磨)'는 말도 중국에서 쉽게 들을 수 있는 말이다.

중국어로 '사업을 하다' 혹은 '비즈니스를 하다'는 '성의(生意)'라고 하는데 삶(生)과 의지(意)를 뜻하는 두 글자가 한데 합쳐져 사업 혹은 비즈니스의 뜻이 되었다.

이렇듯 중국인들이 살아가는 이유는 바로 '돈을 벌기' 위해서다. 돈을 마다하는 사람이 세상 어디 있겠냐마는 중국 사람들의 돈에 대한 집착은 유난스럽다. 그래서 상술이 남다르다.

중국 사람과 비즈니스 협상 시 그들의 상거래에 관한 특징적 요소들을 잘 이해하고 접근해야 한다.

중국인들의 비즈니스 협상에서 여러 가지 특징적 요소를 나타내는데 정리하면 아래와 같다.

※ 중국 비즈니스 협상의 특징적 요소

1. 실리와 명분 앞에서는 양보가 거의 없다.

2. 직설적인 표현보다 돌려서 말하는 완곡적 표현을 잘 한다.

3. 협상 상대방을 잘 믿지 않으려는 성향이 강하다.

4. 간편한 복장을 즐기지만 회의 형식은 엄격하다.

5. 시키는 대로만 하려고 하는 복지부동의 성향이 강하다.

6. 전체적으로 서두르지 않는 성향을 가지고 있다.

7. 협상 시 중국의 법규 및 법령, 규칙 등을 강조하는 편이다.

8. 시간적 관념이 우리보다 희박한 편이다.

9. 개인적이기보다 집단적 결정 성향이 강하다(개인적 책임 회피).

10. 사회적 구조상 문서를 통한 전달 방식에 강하며 문서 작성에 철두철미한 편이다.

11. 금전적 계산 및 이해득실의 개념이 뛰어나고 신중한 편이다.

12. 과대 포장하거나 잘 모르더라도 아는 것처럼 행동하는 경우가 많다.

13. 융통성이 없어 보이나 상황 및 태도 변화에 능숙하다.

14. 토론 문화가 발달한 탓에 화술이 좋은 편이다.

15. 본심을 잘 드러내지 않으려는 특성이 있다.

16. 우의와 신용을 바탕으로 한 신뢰를 중요시한다.

17. 체면을 잃지 않으려는 성향이 강하다.

18. 애국적, 국가적 성향이 강하다.

19. 유교적 전통의 예절 문화에 바탕을 둔 예의를 중시한다.

20. 협상은 협상 테이블에서만이 아닌 술자리들을 통해서도 이룰 수 있다는 관념이 있다.

나가면서

『논어(论语)』「학이(学而)」편 제 4장에 다음과 같은 구절이 나온다.

> 증자왈, 오일삼성오신 위인모이불충호 여붕우교이불신호 전불습호
> (曾子曰, 吾日三省吾身 为人谋而不忠乎 与朋友交而不信乎 传不习乎)

증자가 말하기를 나는 매일 세 가지를 되새겨 본다라고 하였는데
첫 번째, 다른 사람과 일을 도모하면서 최선을 다하지 않았는지?
두 번째, 친구와 사귀면서 거짓되지는 않았는지?
세 번째, 나도 잘 알지 못하는 것을 다른 사람에게 전하지 않았는지?
라는 뜻이다.

비록 이 구절은 사람이 살아가면서 매일 반성해야 하는 대목이기도 하지만 중국과의 비즈니스 협상에서 꼭 한 번 새겨볼 만한 내용이다.

비즈니스 협상에서 상대방에게 최선을 다하지 않았는가?
중국 비즈니스를 위한 꽌시를 쌓으면서 거짓되지 않았는가?
협상 시 전문적이고 통찰력 있는 협상 정보를 가지고 협상에 임했는가?

『논어(论语)』「자한(子罕)」제4장에는 다음과 같은 구절이 나온다.

자절사: 무의 무필 무고 무아
(子絶四: 毋意 毋必 毋固 毋我)

"공자는 네 가지를 안 한다, 네 가지를 끊는다" 등으로 해석을 하는데, 네 가지는 다음과 같다.

첫 번째 무의(毋意), 사사로운 뜻이 없다. 즉 주관적인 추측으로 자기 마음대로 결정하지 않는다.

두 번째 무필(毋必), 기필코 하려는 마음이 없다. 즉 틀림없이 그렇다고 단언하지 않는다.

세 번째 무고(毋固), 집착이 없다. 즉 고집을 부리거나 집착하지 않고 상황의 흐름에 따라 판단한다.

네 번째 무아(毋我), 이기심이 없다. 아집을 부리지 않고 상대방의 의견도 공정하게 받아들인다.

'자절사(子絶四)'는 비즈니스 협상에서 꼭 새겨 두어야 할 4가지 덕목이다. 비즈니스 협상 시 합리적 목표를 가지고 융통성 있게 상황의 흐름에 따라 통찰력을 가지고 유연하고 유동적으로 대처해야 한다. 아집에 사로잡히거나 고집을 부리거나 해서 상황 판단을 흐리게 하는 오류를 범해서는 안 된다. 상황이 변하면 그 상황에 맞게 변화해야만 생존 경쟁에서 살아남을 수 있다.

'계획은 구체적으로 실행은 융통성 있게' 중용의 미덕을 따라 가야 한다.

이렇듯 비즈니스 협상에서는 협상 상대방의 입장과 상황 변화를 잘 파악하여 그 변화에 적절히 대응하는 것이 가장 중요한 덕목 중 하나라고 할 수 있다.

있다고 다 보여주지 말고,
안다고 다 말하지 말고,
가졌다고 다 주지 말고,
들었다고 다 믿으면 안 된다!

비즈니스 협상은 신의 한 수를 찾아서 치열한 수 싸움을 벌이는 바둑과도 같아서 흐름을 잘 파악하는 자가 승패를 좌우할 수 있다. 협상에서 불리한 상황에서도 흐름을 잘 파악하여 벗어날 수 있는 길을 찾아 나가야 한다. 이 과정에서 강한 자가 이기는 것이 아니라 상황 흐름에 잘 대응하여 최후에 웃는 자가 강한 자임을 명심해야 한다.

강인한 자가 살아남는 게 아니고 살아남은 자가 강한 것이다.

마지막으로 중국과의 비즈니스 협상 시 중국을 잘 이해하고, 나 혼자만 잘 먹고 잘 살자가 아닌 '더불어 같이 잘 살자'가 된다면 분명히 성공할 수 있으리라 장담한다.

참고 문헌

참고 문헌

- 田晖. <商务谈判与礼仪>. 清华大学出版社. 2021.03.
- 姚凤云, 刘纯, 赵雅坦. <商务谈判与管理沟通>. 清华大学出版社. 2021.08.
- 贾贵浩. <商务谈判>. 上海财经大学出版社. 2021.09.
- 杨毅玲, 何秀兰. <商务谈判实务. 第三版>. 中国劳动社会保障出版社. 2019.07.
- 王法德. <商战兵法>. 中国财政经济出版社. 2017.11.
- 李光斗. <商战兵法新36计全书>. 作家出版社. 2002.04.
- 姚尧. <商战兵法>. 电子工业出版社. 2014.03.
- 袁其刚. <商务谈判学>. 电子工业出版社. 2014.01.
- 张国良, 赵素萍. <商务谈判>. 浙江大学出版社. 2010.11.
- 赵莉. <商务谈判>. 电子工业出版社. 2013.08.
- 宋莉萍. <商务谈判理论, 策略与技巧>. 上海财经大学出版社. 2012.01.
- 陈鹏. <商务谈判与沟通实战指南>. 化学工业出版社. 2019.01.
- 中国老教授协会职业教育研究院. <商务谈判技术>. 中国劳动社会保障出版社. 2020.12.
- 艾莉卡, 爱瑞儿, 福克斯(Erica Ariel Fox). 美同译. <哈佛谈判心理学>. 中国友谊出版公司. 2019.02.
- 周杏英. <国际商务谈判>. 对外经贸大学出版社. 2016.03.
- Dawson, Roger. 〈Secrets of Power Negotiating for Sales People〉. CareerPress. 1999.09.01.

- Diamond, Stuart. 〈Getting more〉. Penguin UK. 2011.01.
- Fisher, Roger, Ury, William L. 〈Getting to Yes〉. Penguin Group. 2011.05.
- HERB COHEN. 〈You Can Negotiate Anything〉. Citadel Press. 2020.09.
- Lewicki. 〈Essentials of Negotiation〉. McGrawHill Higher Education. 2020.01.17.
- Ronald M. Shapiro. 〈The Power of Nice〉. Wiley. 2013.04.12.
- William Ury. 〈Getting Past No〉. Bantam. 1993.02.01.
- William Ury. 〈Getting to Yes with Yourself〉. HarperOne. 2015.01.

- 간바와타루, 최영미 역. 〈비즈니스협상 심리학〉. 에이지21. 2007.10.
- 도키 다이스케, 김윤수 역. 〈왜 나는 영업부터 배웠는가〉. 다산3.0. 2014.08.
- 류재언. 〈협상바이블〉. 한스미디어. 2018.06.
- 이태석. 〈5가지 골든룰을 통해 배우는 윈윈협상의 원리〉. 한나래플러스. 2018.12.
- 하버드 공개강의 연구회, 송은진 역. 〈하버드 협상강의〉. 북아지트. 2018.10.
- 헨리M폴슨 주니어, 고기탁 역. 〈중국과 협상하기〉. 열린책들. 2020.09.

참고 논문

- 王炳鑫. 〈삼십육계의 비즈니스 활용 현황에 관한 탐색적 연구〉. 영남대학교. 2016.08.
- 王曉. 〈중국인의 상관습이 무역거래에 미치는 영향 및 협상에 관한 실증적 연구〉. 순천향대학. 2017.12.
- 那銀芳. 〈중국 B2B 협상에서 협상자 개인특성과 협상전략이 협성성과에 미치는 영향에 관한 연구-'꽌시'를 조절변수로〉. 영남대학교. 2013.06.
- 강웅걸. 〈중국문화의 지역별 차이에 따른 마케팅적 함의〉. 원광대학교
- 김형준. 〈중국기업과의 협상전략에 관한 연구〉. 인천대학교. 2012.06.
- 백권호. 〈중국 비즈니스 협상문화연구〉. 영남대학교. 2011.12.
- 원로. 〈중국인의 거래협상의 결정요인에 관한 연구〉. 신라대학교. 2019.02.
- 이선유. 〈미엔쯔가 중국대외정책에 미치는 영향〉. 연세대학교. 2004.01.
- 이인희. 〈중국의 무역 협상 관행에 관한 연구〉. 2002.12.
- 이정연. 〈중국문화에 나타난 해음현상 연구〉. 동국대학교. 2000.
- 적영영. 〈중국인의 무역협상에 관한 연구〉. 신라대학교. 2019.08.
- 추경옥. 〈현대 중국어 해음현상 고찰〉. 이화여자대학교. 2017.
- 한명숙. 〈諧音에 나타난 中國文化考察〉. 목포대학교. 2008.02.

참고 웹페이지

- 百度学术: https://xueshu.baidu.com
- 中国知网: https://www.cnki.net
- KOTRA: https://www.kotra.or.kr
- 네이버지식백과: https://terms.naver.com
- 대외경제정책연구원: https://www.kiep.go.kr
- 산업연구원: https://www.kiet.re.kr
- 학술연구정보서비스: http://www.riss.kr

참고 공개강의

- 中国大学慕课(중국MOOK) & 网易公开课
- 武汉大学 "商务沟通与谈判"
- 清华大学 "谈判与礼仪"
- 清华大学 "孙子兵法"
- 北京外国语大学 "谈判学"
- 西南交通大学 "创业商务谈判"
- 广东农工商职业技术学院 "商务谈判"